研究者への道

中田裕康

はしがき

大学を卒業し、弁護士になって数年を経た頃から大学院にも通い出し、その後、転職して大学教員になり、四つの大学で三二年間を過ごした。本書は、研究と教育の折々に感じたこと、考えたことを記した文章を集めたものである。「研究室までの紆余曲折」「研究室の日々」「研究室からの発信――書評など」「研究室の外での発言」「研究室を離れて」という五部構成にした。

法律学の教員が退職する頃、論文以外の文章を収める文集を刊行する例は少なくない。私は、それを読むのが好きで、自分でも出したいと思った。教員生活の最後の年度に入った二〇二一年五月に、有斐閣の髙橋均さんにご相談したところ、先に記した私の歩みに関心をもつ読者がいらっしゃるかもしれないとのご示唆をいただいた。そこで、その歩みを述べる文章を書き加えたうえ一書にすることを計画した。しかし、退職の年は、なにかと落ち着かない。そのような状態で、ゆっくりと振り返る文章を書くことはむずかしく、計画をいったん断念した。退職後、二〇二二年五月に講演の依頼をいただいた。法科大学院生・学部学生諸氏に対し、研究生活を振り返りながら研究の楽しさを語ってほしいというものである。お引き受けして準備を始めると、これこそ一年前に書こうとしていたものであることに気がついた。髙橋さんに改めてご相談をし、この講演の原稿も収めてできあがったのが本書である。

本書の性質上、内容は初出時のままとし、表記もあえて統一していない。年をとるにつれ、漢字よりも平仮名が多くなるなどの変化があるが、これも原則としてそのままにしている。

カバーの絵は、小学校以来の友人である本田年男氏（東光会理事、日展準会員）の作品である。この美しい作品の掲載を快諾してくださった本田君に深く感謝申し上げる。

髙橋均氏（有斐閣顧問）には、前述の通り、本書の構想段階から刊行まで、終始お世話になった。改めて厚くお礼を申し上げる。

最後に、ずっと一緒に同じ道を歩いてくれている妻しげみに、心からの感謝の気持ちを表したい。

二〇二三年四月

中田裕康

目次

はしがき

Ⅰ　研究室までの紆余曲折

初めてお目にかかった頃のこと……2
研究者への道……6

Ⅱ　研究室の日々

（千葉大学で）
著書の「はしがき」から……50

（一橋大学で）
図書館がくれたもの …… 52
法曹養成 …… 54
日本人から見たフランスの「良き法律家」の養成 …… 73
自己紹介――一橋大学法科大学院で …… 77
（東京大学で）
自己紹介 …… 79
シンポジウムに参加して …… 81
松澤さんと研究会 …… 89
退職に当たって …… 93
（早稲田大学で）
新任教員紹介「ひとこと」――早稲田大学法科大学院で …… 95
架空出版記念会――『契約法』を刊行して …… 95
昔は正論だった。 …… 102
論文のプラン …… 104
お礼のことば …… 106

Ⅲ　研究室からの発信――書評など

〔書評〕W. DAVID SLAWSON, BINDING PROMISES: THE LATE 20TH-CENTURY REFORMATION OF CONTRACT LAW, Princeton University Press, 1996, pp. xii + 206 …… 112
〔書評〕北川善太郎『現代契約法Ⅰ・Ⅱ』（一九七三年・七六年、商事法務研究会） …… 127
〔解題〕「民法解釈方法論と実務」を読んで …… 134
〔新刊ガイド〕後藤巻則『契約法講義』（二〇〇五年、弘文堂） …… 150
〔書評〕潮見佳男『契約法理の現代化』（二〇〇四年、有斐閣） …… 153
〔書評〕奥田昌道『紛争解決と規範創造――最高裁判所で学んだこと、感じたこと』（有斐閣、二〇〇九年） …… 166
〔NBL「この論文」〕星野英一ほか「座談会　代理店・特約店取引の研究(1)〜(17)」（NBL一三八号六頁〜一六三号二〇頁〔一九七七年〜七八年〕） …… 175
〔法学教室プレイバック――あの特集、あの連載〕民法分野 …… 183

Ⅳ　研究室の外での発言

ビジネスに生きる民法……192
新公益法人制度施行にあたって……230
参考人意見――信託法案・同整備法案
（二〇〇六年一二月五日・参議院法務委員会）……235
参考人意見――民法（親権制度）等改正法案
（二〇一一年五月一九日・参議院法務委員会）……243
参考人意見――民法（債権関係）改正法案・同整備法案
（二〇一六年一二月七日・衆議院法務委員会）……251

Ⅴ　研究室を離れて

研究者の道……262

I

研究室までの紆余曲折

初めてお目にかかった頃のこと

私が民法学に最初に惹きつけられたのは、一九七一年七月六日（火曜日）午後五時過ぎのことである。その日、星野英一先生の民法第一部の講義が駒場の大教室であった。ホールのように大きな教室で、一段高い舞台のようなスペースの中央に教壇がある。そこで、いつもの歯切れのよい口調で講義をされたが、そのなかで農業協同組合の員外貸付に関する判例と先生の評釈を紹介された。なんとなく興味を感じ、講義の後、図書館に行ってその評釈を読んでみた。当時の図書館は、教養学部キャンパスの正門を入ってすぐ右手にあり、緑陰という雰囲気の、静かで落ち着いた空間だった。夏休みも近い日の夕刻、初めて手にした法学協会雑誌に掲載されていた評釈は、抵当権や不当利得など、まだ勉強していない点にも及んでいて、よく理解できないところも多くあったが、読み終えたとき、自分でも何と言っていいか分からない気持ちになった（当時、知的興奮とか、知的感動などという言葉は知らなかった）。問題をそれまでとは異なる視点からとらえ直し、実質的考慮も加えたうえ、新たな帰結を提示する。なんだかすごい、と思った。

この講義の一冊目のノートの表紙には、担当教授として、便覧に記載されていた別の教授のお名前が書かれ、それが二重線で消されて、「星野教授」と書いてある。最初の講義で星野先生が自己紹介をされ、別の教授のご都合が悪くなったので、私が講義をすることになりました、とおっしゃったとき、学生たちの間には微かな失望の気配が漂ったよう気がする。大教授の代わりに、名前もお聞きしたことのない教授が来られたのだと思って。しかし、講義が始まると、その語り口の明晰さと内容の豊かさに、たちまち引き込まれた。もちろん、法律を学び始めたばかりの学生に、内容が豊かであるかどうかを判断する能力はない。ただ、法体系における民法の位置づけ、日本民法の成立と淵源、日本民法学史といった序論的なお話に含まれている学問的豊穣を、感じることはできた。評釈を読んでみようと思ったのも、それが背景にある。

私が入学した一九七〇年は、東大入試が中止となったその翌年である。大学紛争の余燼がさめやらず、しばしばストライキがあり休講が続いた。その年、たくさんの本を読んだが、法律書は一冊も読んでいない。翌年、二年生になって初めて法学概論や法学入門と題する本を何冊か読んでみたが、その多くは抽象的で難解に思えた。その年の八月初め、苦労して読み終えた我妻栄先生の『新訂民法総則』も、やはり難解だった。夏休みが終わって東京に戻ると、八月下旬に公刊されたばかりの星野先生の『民法概論Ⅰ（序論・総則）』が生協書籍部に置かれていた。さっそく入手した。読んでいる間、七月に図書館で味わった不思議な感覚に再び包まれた。教養科目の期末試験をはさんで一〇月二〇日に読み終え、おそらくその数日後の講義が終了した後、思い切って教壇まで質問に行った。『民法概論Ⅰ（序論・総則）』の記述に関する質問という形だが、実質は「もう読んだのですか」と言ってもらいたいという、子供じみた心理である。質問に対する解答は、その記述は誤植だというものであり、また、「もう読んだのですか」とはおっしゃっていただけなかったけれども、お話ができたというだけで大満足だった。

その後、本郷に進学して、演習に参加させていただいたり、法律相談所というサークルの所長と所員という関係でのコンタクトも生じたり、また、たとえば「民法解釈論序説」(『民法論集第一巻』所収)を読んで再び感動を覚えたりもした。さらに、その後、紆余曲折を経て、結局、私は民法研究者になった。そうなるに至った最初の決定的な瞬間が、駒場の図書館でのあの夕刻であったことは間違いない。

なぜこんなにも星野先生に惹かれたのだろうと思う。もちろん、たいへんな秀才が未知の学問の豊かさを眼前に展開してくれていることに、ぜいたくな気分を覚えたことがある。地方から上京してきた者として、東京の知識階級に対するあこがれも、あったはずである。つまりは、歌舞伎の名優に対するファンの心理である。もう少し内容的なこととしては、哲学・歴史・外国法に裏付けられた深み、論理構成の鋭さ、効果や実態に着目する現実との関わり方のそれぞれが、また、その融合が、そのように分析はできなかったけれども、胸に響いたということもある。先生のお人柄もある。民法という諸法のなかでも最も基本をなす法分野をリードする学者である、という誇りと自信に満ちているようなのではあるが、威張るというのとは正反対であり、といって単に謙虚であるというのとも少し違い、むしろ責任感を滲ませておられたのだと思う。また、親切でいらした。とりわけ、弱いものに対し、そうだった。そして、これらのことのすべての根底に、学問に対する畏敬と情熱があると感じられた。

星野先生が後年に書かれた「まことを求める心のレゾナンス――今道友信『断章　空気への手紙』について」(『心の小琴に』所収)は、何度読んでも胸を打つ(今道先生は、星野先生の半月後に逝去された)。

さきほど、「紆余曲折」と書いた。その大半は、星野先生にお詫びと感謝を申し上げるべき事柄だが、それにはここでは触れない。自分のおかけした諸々のご迷惑がいかに大きかったか、先生がどれほど寛容でいてくださったのか、今ごろになって痛切に分かる。

冒頭に記した講義の始まったとき、星野先生は四四歳でいらした。なんとお若かったのだろう。一九歳の私には、しかし、先生は若いとは思えなかった。学生が先生に「もう読んだのですか」と言っていただきたいと思って質問をしに舞台への短い階段を上って行く、その中央の教壇の向こうに講義を終えた疲れも見せずに姿勢よく立っておられる、そのような存在だった。それから四二年を経た現在、私は当時の先生の年齢を遥かに超えてしまった。先生は、もういらっしゃらない。私は、いまなお、先生にあの言葉を言っていただきたくて、勉強をしているのかもしれないと思う。

(内田貴＝大村敦志＝星野美賀子編『星野英一先生の想い出』〔二〇一三年九月、有斐閣〕一五五頁)

研究者への道

はじめに

ご紹介いただきました中田です。今日は久しぶりに東京大学法科大学院でお話をする機会をいただき、嬉しく思っています。この講演会は、年輩の研究者が研究の楽しさについてお話をし、皆さんの将来の選択肢の一つとして、研究者という生き方もあることをお示しする、そして、あわよくば研究者を目指す人が増えてくれるといいなという趣旨のものではないかと思います。そのためには、本来は、皆さんが憧れをもたれるような著名な大学者にお話をしていただくのがよく、私は適任だと思いません。ただ、私は、大学を卒業した後、弁護士になり、さらに大学院を経て研究者になったという、少し変則的な歩みをしてきました。そのため、これまでにも何度か、学生や法科大学院生や司法修習生の方から、実務法曹になるか、研究者になるか、迷っている、どう思いますか、といった相談を受けたことがあります。もしかしたら、皆さんのなかにも、そのような迷いをおもちの方がいらっしゃるかもしれません。そうでなくても、なぜ転職したのだろうかとか、転職してよかったのかとか、興味をおもちになる方がいられるもしれません。そうだとすると、私でもお役に立つことがあるかもしれないと考え、お引き受けした次第です。

本日の私の話は、二部構成になります。前半は、私が弁護士を経て大学教員になった経緯の話です。後半は、研究者として私がしてきたことのうち、いくつかを取り上げて、それぞれのおもしろさについて話そうと思います。

一　大学教員になるまでの紆余曲折

1　大学卒業時の翻意

私は、一九七〇年に本学の教養学部文科一類（法学部進学コース）に入学しました。この年は、大学紛争のために東大入試が中止になった一九六九年の翌年であり、キャンパスにもまだ落ち着かない雰囲気が漂っていました。私が文一を選んだのは、はっきりした目的があったわけではなく、法学部なら何とかなるだろうと思っていた程度でした。入学早々、ストライキがあって授業がなくなったこともあり、一年生のときは、弓術部に入って身体を動かしたり、いろいろなジャンルの本を読んだりしていました。たくさんの本を読みましたが、法律の本はまったく読んでいませんでした。

二年生になって、法学部の授業が始まりました。秋からの授業のなかに篠原一先生のヨーロッパ政治史の講義がありました。篠原先生は、レポートを書くと、希望者には面談をして講評してくださるという ことでした。そこで、ドレフュス事件についてレポートを書き、面談していただいたところ、講評の後、研究者になるつもりはないかと尋ねられました。その時は、ただ驚いただけでしたが、これが研究者という仕事を意識した最初のことでした。

法律の授業では、星野英一先生の民法第一部の講義に強い感銘を受け、本郷に進学後、星野先生の演習に入れていただきました。本郷は、駒場とは違って、重苦しい雰囲気であり、周りの人たちも真剣に勉強をしていましたので、私も司法試験を受けようと思いたちました。にわか勉強をして四年生の五月に受験したのですが、もちろん受かるはずはなく、短答式試験であっさり落とされました。そこで、さすがに慌てまして、留年して翌年の司法試験を目指すことにしました。四年生の夏休み前のことです。ちょうどそのころ、所属していた法律相談所というサークルの行事（移動相談）の件で、所長でいらした星野先生の研究室にお伺いすることがありました。用件が済んだ後、星野先生から助手にならないかというお話をいただきました。この頃には、民法に興味を抱いていましたので、驚くとともに、非常にありがたく思いました。しかし、既に司法試験を受験する決意をしていましたので、星野先生に司法試験くらい受かっていないと研究室に入ってやっていく自信をもてないように思うと申し上げ、一年間、待っていただくことにしました。そのとき、星野先生は、司法試験に合格したことが自信になるようなことはないと思いますよと、ぽつりとおっしゃいました。研究の厳しさの一端を垣間見たように感じました。

翌年の夏、司法試験の論文式試験が終わった後、手応えがありましたので、星野先生にご連絡しましたところ、助手になることをお認めくださり、所定の手続を経て採用の内定をいただきました。ところが、卒業が近づくにつれ、研究者になることについて、強い不安と疑問が湧き上がってきました。法学部の研究室がある法三号館は、当時は改修前で、今よりもっと古びた暗い陰鬱な建物でした。そこに入って研究者になるのは、出家をすることのような感じがし、自分は俗人だからダメじゃないかと思い始めました。また、自分は、本当に研究が好きなのではなく、大学教授の生活にあこがれているのに過ぎないのではないかという疑いも浮かび上がってきました。実は、これらの疑問は表層的なものであり、根っこにある実質は、自分には研究者としての能力がないのでないかという不安だったと思います。たしかに勉強をして試験でそこそこの成績を収めることはできるかもしれないけれども、それまでの常識を覆して新たな世界を切り拓くといった独創性や創造力はないだろうということは、かねてから自覚していました。そのような思いをかかえながら、一九七五年一月に最後の期末試験を終え、助手採用の最終チェックも無事にクリアしたのですが、迷いは断ち切れませんでした。他方で、社会のなかで現実の問題に取り組む弁護士の仕事が自分に向いているように思えてきました。さんざん迷ったあげく、卒業直前の二月になって助手になることを辞退しました。星野先生をはじめ多くの方々に大変なご迷惑をおかけしたわけですが、当時は自分のことしか見えていませんでした。こうして、四月に司法研修所に入りました。

2　楽しい弁護士生活

二年後の一九七七年四月に司法修習を終えて弁護士になり、丸の内にある法律事務所(1)に入りました。私を含めて弁護士四人の事務所ですが、当時は、弁護士の数が少なく、現在のような巨大事務所もなかったものですから、四人でもそれなりの規模だという感覚がありました。私を迎え入れてくださった三人の弁護士は、それぞれ能力・人格ともに傑出した方々であり、非常に質の高い、雰囲気の良い事務所だったと思います。クライアントしては総合商社など上場企業数社といくつかの中小の会社や個人があり、会社関係の仕事と一般民事の仕事が中心でしたが、国選弁護事件なども一所懸命やりました。しばらくすると、私個人に対する依頼も来るようになりました。また、事務所を超えた弁護団活動に参加したりもしました(2)。

このようにして数年が経ちました。仕事は楽しく、やりがいがあり、良い後輩もでき、結婚もし、順風満帆でした。当時三〇歳を過ぎて間もないころだったのですが、そこでふと考えてしまいました。自分は、地方出身者であり、人脈もなく、これといった専門もない、このままだと平凡な弁護士で終わりそうだ、しかし、まだ若いのだから、何かチャレンジをするのがいいのではないか、ということです。留学も考えましたが、当時は、留学する人はごく少なく、具体的なイメージが浮かびませんでした。考えているうちに、我妻栄先生の言葉を思い出しました。どんな分野においてであれ一つの井戸を深く掘ってみるように、という言葉です(3)。この言葉に励まされ、大学院で博士号を目標に勉強してみようと思い立ちました。

3　井戸を掘りに大学院に

そこで、一九八三年四月に本学の大学院に入りました。入学後、星野先生にご挨拶をし、ご指導をお願いしましたところ、快くお許しくださいました。今思うと、卒業時にあれだけご迷惑をかけておきながらのこのこ戻ってくるという自分の身勝手さにあきれるとともに、それを受け入れてくださった星野先生の寛大さに感謝の言葉もありません。

こうして、弁護士をしながら大学院で勉強するという二重生活が始まりました。当時の大学院は、社会人向けの専修コースなどはなく、もっぱら研究者養成を目的としていました。ですから、弁護士の仕事をしていることは、大っぴらにしにくいという感じがあり、三号館の暗い研究室のなかで、できるだけ目立たないように、ひっそりと過ごしていました。二重生活は、時間的には大変ですが、授業に出ないといけません。午前一〇時に福岡地裁で口頭弁論をし、午後に本郷の授業に出るといったこともありました。しかし、両方とも楽しいので、まったく苦にはなりませんでした。

研究テーマは、弁護士として担当した事件がきっかけになりました。ある大企業が長年続いていた卸売業者との取引を打ち切ったのに対し、卸売業者が損害賠償を請求した事件です。私は、被告企業の代理人でした。この事件は、全面的に勝訴したのですが、取引を打ち切られた業者の気持ちもわからなくはないと感じました。そこで、これをテーマにして、日本法とアメリカ法を調べたうえ、「継続的売買の解消」という題目の修士論文を書きました。博士課程でも、同じテーマで研究を続け、対象をフランス法にまで広げました。星野先生は、途中で東大の定年を迎えられて千葉大学に移られ、米倉明先生が指導を引き継いでくださいました。

4　転職へ

修士課程を終える頃から、大学に戻ってはどうかというお話をいただくことが出てきました。私には、弁護士を続けたいという気持ちが強く、このようなお話を、その都度、ご辞退していました。他方で、これだけご迷惑をおかけしてきたのに、温かくご指導くださる星野先生や米倉先生のお気持ちを無にすることはできないという思いも強くありました。また、博士課程進学後、星野先生が主宰される研究会に参加させていただいていたのですが、そこでの優秀な若手民法研究者たちとの共同研究を本当に楽しいと感じ、研究の世界にぐいぐい引き込まれていきました。これは、当初は「約款法研究会」、後に「現代契約法研究会」と改称された研究会です。こうして再び葛藤が始まりました。

そのころ、星野先生は、毎年のお正月に、東京近辺にいる若手民法研究者やそのタマゴをご自宅にお招きくださっていました。あるお正月、星野先生がカルボニエ教授から贈られたというワインを皆に振るまってくださいました。この方は、ジャン・カルボニエといって、フランスの民法及び法社会学の高名な大学者です。私も、ご著書を読んでいました。そのカルボニエ先生が東京大学を訪問された際、自分の農園のブドウでできたワインを星野先生にお土産として贈られたということでした。その赤ワインが私のグラスにも注がれました。これを飲むともう後に戻れないと思いました。他の人たちは、屈託なく飲んでいるのですが、私は逡巡しました。しかし、ついに口をつけ、飲み干してしまいました。味は覚えていませんが、その時の緊張感は、はっきりと覚えています。もちろん、これが転職の決め手となったというわけではありませんが、弁護士をやめるという選択肢が現実味を帯びてきたことの象徴的な出来事として、記憶に残っています。

大学に戻るようにとのお話は、博士論文の完成が近づいたころから、さらに本格化してきました。当時も、弁護士と大学院生の二重生活は続いており、朝一〇時に弁護士として事務所に行って仕事をし、夕方六時に自宅に戻って夜中まで論文の執筆をするという毎日でした。一日に二回出勤するという感じでした。そこで、迷い続けました。弁護士の仕事は楽しいし、やりがいがある、パートナーにもしていただいた、事務所の人たちやクライアントとの関係も非常に良く快適だ、しかし、ここで研究をやめるのもとてもつらい、どうしようかと、悶々としました。既に子供も二人いましたので、弁護士を続けた場合と大学教員になった場合の一〇年後の状態を想像して比較したりもしました。しかし、決断できません。ついに妻も業を煮やし、私はどちらでもいいから早く決めなさいと厳しく言われたこともあります。言い遅れましたが、私が弁護士と大学院との両立ができたのは、全面的に妻のおかげです。その妻の迫力ある言葉に、決断しなければいけない、と思いました。

決心がついたのは、夜中に目が覚めたときの状態に気がついたことです。夜中にふと目覚めたとき、弁護士であれば、事件のことが脳裏に浮かぶことがよくあると思います。昼間にした証人尋問の際の証人のかすかな表情の意味に気がつくとか、この問題はあの人に聞いてみたらいいと思いつくとか、とりとめもないことも含めて、事件に関することが思い浮かびます。これは、弁護士として自然なことですし、私もそうでした。ところが、博士論文の最終段階になると、夜中に目覚めたときに思い浮かぶのは、論文に関することばかりになりました。そのことに気づいて、考えたことが二つあります。一つは、自分は昼間は弁護士として一所懸命に仕事をしているつもりだけれど、全身全霊を尽くしていないのではないか、もはや弁護士として失格ではないかということです。もう一つは、自分はやはり研究が好きなのではないかということです。自分が本当に打ち込んでいることは、夜中に目覚めたとき、無意識に頭に浮かぶことなのではないかと思いました。そして、かつて自分には能力がないからという理由で研究者になることを断念したけれども、能力を基準にするのではなく、好きかどうかを基準にするのであれば、自分も研究者の世界に入ってもよいのではないかと考えるようになりました。こうして転職の決断をしました。

弁護士をやめるのは、そう簡単なことではありません。事務所、顧問会社、依頼者などにお詫びしたり、同僚に引継ぎをお願いしたりするといったことが続きます。多くの方にご迷惑をおかけします。このことは、本日のテーマから離れますので、立ち入りませんが、本当に申し訳ないことだったと思っています。

5　大学教員生活の始まり

このようにして一三年間の弁護士生活に終止符を打ち、一九九〇年四月に千葉大学法経学部の助教授となりました。それから三二年にわたる教員生活の始まりです。当初は、弁護士生活との違いを感じることも少なくありませんでした。そこで、第一部の最後に、千葉大学で教員となった当初に感じたことを、いくつかお話しします。

まず、戸惑いがありました。弁護士の場合、仕事で接する人は中高年の方が多いのですが、大学教員が相手にするのは、二十歳前後の人たちです。どのように接したらよいのか、わかりませんでした。また、弁護士と依頼者の関係は、極めてパーソナルなもので、依頼者の人生のある部分をその人といわば共有し、深くコミットすることになりますが、教員と学生の関係は、もっと浅く薄いものだと感じました。それから、弁護士を一〇年以上もしていますと、仕事の進め方が身につくというだけでなく、仕事をする際に、微妙で繊細なニュアンスを感知できるようになってきます。たとえば、依頼者自身が気がついていないその人の心の内側だとか、企業間の交渉でどこをどうすれば合意に達しうるのかとか、あるいは、契約書を作成する際に条項をどの程度まで詳しいものとするのがよいのかなどです。そのようなデリケートな感覚を備えることによってこそ、よい成果をあげることができるものだと思います。ところが、教員としては、法律の勉強を始めたばかりの人たちに、まずは基本的なことを理解してもらうことが重要であり、そこでは、弁護士として体得したデリケートな感覚などは無用のものであるように思われました。そのとき、自分は世田谷区内の細かい道もよく知っているベテランのタクシー運転手だったのに、井之頭公園の子供用機関車の運転手になったような感じがして、少し寂しいと思ったこともあります。もちろん、これらの感覚は正しくなく、やがて修正されていきます。法学教育のおもしろさや繊細さに気づきますし、学生とはその人の人生のなかでも非常に鋭敏な時期に接するため、大きな影響を与える可能性があること、人によっては卒業後も交流が続くことを知るようになります。着任当初は、そのことが分かっていなかったというにすぎません。

次に、転職後、最もよく聞かれたことは、収入が減ったでしょうということでした。これに対しては、減ったというより、なくなったというのが実感だと冗談めかして返事をすることにしていましたが、実際、激減しました。私が千葉大学で初めて給料をもらったのは、一九九〇年の四月一七日でした。公務員の給料は一七日に支給されるのです。その金額があまりにも少なかったので、驚きました。しかし、数分後、そうか、これは一七日間分の給料なのだと気づきました。一か月分に換算したとしても、とても少ないのですが、これでなんとかやっていくしかないと気持ちを切り替えました。一か月が過ぎ、五月一七日を迎えました。四月と同じ金額でした。このときは、今ふうにいうと、へこみました。しかし、不思議なことに、やがて慣れました。また、弁護士時代は自分で稼いで、毎月、事務所に経費を納めるという生活でしたが、大学教員は、お金のことを忘れていても、毎月、自動的に入金されているという気楽さがあります。しばらくすると、原稿料や印税などを受け取ることもあるようになり、現在まで、特に不自由することもなく暮らしてきました。振り返ってみますと、生涯収入は、それほど少なくはないように思います。

少し世知辛い話になりましたので、最後に嬉しかったことのお話をします。千葉大学に赴任し、星野先生と再びご一緒になりました。私は、教育の経験がありませんでしたので、自分の講義や演習をするのと並行して、星野先生の講義と演習を聴講させていただきました。一九年ぶりに民法第一部の講義をお聴きしたところ、当然のことですが、隅々まで非常にクリアに理解することができるようになっていて、おもしろくてたまりません。講義が終わった後は、教室のある建物から研究室棟まで星野先生と一緒に戻ります。その帰り道、歩きながら、終わったばかりの講義の感想や先生が新しく書かれた論文の感想などを申し上げ、星野先生からそれに対するコメントをいただくということが、毎週、続きました。私にとって至福のひと時でした。

これが大学教員の生活が始まったころの状況です。以上で第一部を終わります。

二　研究のおもしろさ

第一部では、私が研究者になったのは、研究が好きだと自覚したからだというお話をしました。では、なぜ好きなのか。それは、おもしろいからです。では、どこがおもしろいのか。第二部では、研究のおもしろさ、楽しさについて、お話をしたいと思います。

本日は、大学院生時代の経験も含めて、三つの素材を取り上げます。この三つは一人でこつこつする仕事です。その後、他の人たちとの交流の楽しさについても話そうと思います。つまり、第二部は四部構成になります。

1　初めての判例評釈

(1)　壁にぶつかる

最初の素材は、判例評釈です。東京大学で民法の助手・助教や院生になってしばらくしますと、毎週金曜日午後に開かれる「民事法判例研究会」で最高裁判例の評釈をすることが割り当てられます。私は、大学院に入った年の一一月に、最初の報告をすることになりました。割り当てられたのは、自賠法三条に関する判決（最判昭和五七年一一月二六日・民集三六巻一一号二三一八頁）でした。当然のことながら、第一審から最高裁まで各審級の判決全文を熟読し、関連する判例・学説を調べ、先行評釈を漏らさず読みます。このような作業を進めると、その判決のもつ意味は、大体わかってきます。問題は、それをどう評価すべきかです。私は、ここで壁にぶつかりました。そんなことを考えたことがなかったからです。

弁護士も、もちろん新しい判例をフォローします。しかし、それを評価する必要はありません。既存の法律知識に新判例を追加するだけです。もっとも、自分が携わっている仕事に関連する判例の場合は、その仕事との関係で、有益なものか支障となるものかを考えます。弁護士にとって仕事の目的は明瞭です。訴訟であれば勝訴すること、契約書作成であれば依頼者の利益を守りつつ紛争を予防すること、プロジェクトであれば依頼者の企画を適法かつ効率的に実現することです。そのような弁護士として、判例を評価する場合、自分の関わっている仕事の目的に照らして、より直接的には、クライアントにとって、有利か否かという基準によることになります。クライアントは、具体的な依頼者のこともあれば、弁護士としての基本的立場から想定される抽象的な依頼者であることもあるでしょう。このような発想は、企業法務に携わる方々においては、より明確なのだろうと思います。自分の会社や自分の業務にとって有利か否かです。こういうと、そんなことはない、自分たちは経験から得た、より公平な実務感覚を基準としているのだという反論があるかもしれません。それはそうだと思いますが、その実務感覚の根底には、やはり結論の有利不利という評価があるように思います。では、裁判官はどうでしょうか。私は裁判官の経験がありませんので推測にすぎないのですが、おそらく、裁判官が最高裁の新判例をご覧になると、まずその判断を自分の担当している裁判や今後の裁判において準拠すべき規範としてしっかり記憶し、また、その判例の射程がどのようなものかを考えるのではないかと思います。

私が困ったのは、研究者として新判例をどのように評価したらよいのかわからなかったからです。研究者にはクライアントがいませんから、仕事の目的との関係での有利不利ということはありません。裁判官と違い、新判例を所与のものとして受け入れるのではなく、批評の対象としなければなりません。もちろん、判例評釈においては、一応の手順はあります。判決の文言を正確に理解し、従来の判例・学説の流れのなかで位置づけ、その理論的意味や社会的影響を考察しつつ、射程を考えるということです。それで形はつきます。特に、「民事法判例研究会」の場合、判旨賛成とか判旨反対とかを冒頭に出すのではなく、今申し上げたような構成をとるのが伝統的なスタイルですので、なんとかはなります。しかし、その判例をどのように評価するのかという基本的な問題は、評釈に書くかどうかは別にして、残っています。最初の判例評釈で私が直面したことは、クライアントのいないところで、その判例をどう評価すべきかという、根源的な問題でした。

このことは、実は、判例評釈に限らず、法解釈において常にある問題です。ある言明や事象をどう理解し、どう評価すべきか。一番簡単なのは、自分の指導教授の評価に依拠することですが、それは研究者の本質と抵触するような気がします。制定法の立法趣旨を基準とすることも考えられますが、それが明瞭でないからこそ問題になっていることが少なくありません。外国法を参照することは、広い視野から日本法を相対化するという意味で有益な作業ですが、それによって最終的な判断基準が得られるわけではありません。歴史の流れのなかに位置づけることも、同様です。[4] 社会における現実への適合性を基準にすることも考えられますが、研究者が現実をどのようにして認識するか、また、それをどう評価するかという問題が残ります。自分の思想・信条を基準とすることは、どうでしょうか。たとえば、弱者保護、環境保護、個人の自由の尊重などです。これは、明快ですし、社会的意味をもつこともあるでしょう。ただ、物差しとしては大きすぎたり、議論が単線的になったりするおそれがあります。最後に、研究者が自らの研究によって到達した命題や構築した体系を基準とすることも考えられます。これが研究者としての本来の姿なのでしょう。ここにこそ研究の価値があるといえるかもしれません。もっとも、判例評釈の場合、評釈をする人がそのテーマについて深い研究をしてきた人であるとは限りません。私は、もちろん自賠法の研究をしていたわけではありませんでした。さらに、研究者が自らの研究成果を基盤として行う判例評釈は、その判例との関係では外在的・超越的な立場から自説をあてはめるものであったり、硬直的なものであったりするおそれもあります。そう簡単ではありません。

(2)「主人持ちの法学」？

ここで少し横道に入ります。かつて、「主人持ちの文学」という言葉がありました。志賀直哉が小林多喜二に宛てた手紙[5]のなかで、多喜二の『蟹工船』など三つの作品に関して述べた言葉に由来するものです。この手紙は、多喜二の要請に応えて書かれたもののようであり、直哉は評価する点としない点とを率直に述べています。そのなかに次の記述があります。「プロレタリア運動の意識の出てくる所が氣になりました。小説が主人持ちである点好みません。……主人持ちの藝術はどうしても稀薄になると思ひます。」などです。評論家の平野謙によれば、この「主人持ちの文学」という言葉は、その後、「社会正義やマルクス主義的イデオロギイなどの『錦のミハタ』によりかかった文学」をさすものとして、批判的な文脈で用いられるようなったということです[6]。さらに、たとえば、三島由紀夫が大江健三郎の『個人的な体験』という作品について、「暗いシナリオに『明るい結末を与えなくちゃいかんよ』と命令する映画会社の重役みたいな」「主人」を持つ文学だと批判しています[7]。また、『沈黙』などの作品で知られる遠藤周作に対し、彼はカトリックという「主人持ち」であり、自由でなければならない作家活動ができないのではないかという批評があったといわれています。[8] 私は文学のことはよくわかりませんが、おそらく、「主人持ち」の文学は、外からの枠づけが予めされているものであり、純粋な文学としての価値が損なわれているということなのだろうと思います。[9]

では、「主人持ちの法学」というのはあるのでしょうか。これは、二つの意味があるように思います。第一の意味は、一定の価値観によって予め枠づけられた法学です。かつて、思想批判の態様として、イデオロギー暴露という批判形態があり、日本では古くからみられるという指摘[10]がありました。思想を、その中身自体ではなく、その背後にある動機や意図を暴露して批判することです。「主人持ちの法学」という言葉は、そのような外在的批判として用いられる可能性はあります。しかし、法学、特に法解釈学には価値判断が伴うのだとすれば、すべての法解釈学は主人持ちだということにもなりそうです。実は、これは長らく論じられてきたテーマです。法解釈には価値判断を伴うことを前提として、その基準は何か、価値判断や利益考量をどのようにして行うのか、価値のヒエラルヒアを想定するか否かなどが論じられたり、あるいは、法解釈には価値判断を伴うという命題自体を再検討したうえ、ある規範命題が正しいかどうかは「議論」に生き残れたかどうかで決まると主張されたりするなど、様々な見解があります。[11] さらに、価値判断を伴うという法学自体に対して疑問を投じ、客観的な知見や基準を他の学問分野に求めるという試みも昔からあります。歴史学、心理学、社会学、そして経済学などが参照されてきました（もしかしたら、それも新たな「主人」なのかもしれません）。このような「主人持ちの法学」の一面は、まさに法解釈論そのものの問題です。

第二の意味は、一定の価値観を前提とするというのではなく、クライアントのいる法律論というものです。これは、クライアントの利益という目的のために、それを実現する手段として法律論を組み立てるということであり、弁護士や企業法務の方々のとる思考様式です。このタイプの議論には大きな意義があります。異なる立場から出されるそれぞれの主張の応酬によって、問題点が掘り下げられ、発展していきます。また、法改正の場面では、現実の社会的課題の解決を目的とする検討がされますが、この政策目的もクライアントと呼べば呼べるかもしれず、そのための作業はもちろん重要なものです。しかし、研究者の固有の仕事としては、このような目的と手段という思考様式とは異なる思考様式のものがあるのではないかということが、問題の本質なのだろうと思います。(12)

(3) 今、思うこと

このように、最初の判例評釈の準備の際に私がぶつかった壁は、とても大きな問題を内容とするものでした。もちろん、その後、判例評釈をする際に、一々こんなことを考えこむわけではありません。もっとプラクティカルに対応します。判例評釈をする場に応じて、たとえば、民事法判例研究会ですと、先ほど申しました手順に従って検討します。その際には、内在的な批判をするよう心掛けます。たとえば、判決が軽視している部分や曖昧な部分を指摘し、そこに潜んでいる問題点を検討するなどです。自らの研究によって獲得した知見に基づいて批判する場合も、外からの、あるいは、上からの目線で批判するのではなく、その判決を書いた裁判官や担当した調査官に、なるほど、たしかにそうだったなと思ってもらえるような批判を目指します。このような批判によって、将来の判例や学説の発展に寄与できれば、それは意味のあることだろうと思います。そのためには、やはり研究の蓄積が必要だということになります。そして、その先に、先ほど申し上げた法解釈における価値判断の問題があるのだろうと思います。今は、このように整理していますが、最初に壁にぶつかったときは、もがいているばかりでした。ただ、もがきながらも、未知の深みに分け入っているという感覚を覚えましたし、法解釈論の広がりと奥行きを知るにつれ、世界が開けていくという思いをしました。この経験を通じて「主人」のないところで自分で考え抜くこと自体が、非常におもしろいと感じました。

2　長期的なテーマ

(1)　継続的な取引や契約の研究

第一の素材は、初めての判例評釈をきっかけとするものでしたが、もう少し本格的な仕事についてもお話ししたいと思います。我妻先生は、大学教授には二つの任務があるとおっしゃいました。一つは、「その専攻する学問分野の全部にわたって講義案ないし教科書を作ること」、もう一つは、「最も興味を感じ重要と信じるテーマを選んで、終生の研究をそこに集中すること」です。[13] 私のことを語るのに我妻先生を引合いに出すのは、おこがましいのですが、たしかにそうだと思いますので、これに即して話そうと思います。ただ順番を入れ替え、まず長期的なテーマについて、次に教科書について、お話しします。

私の場合、長期的なテーマは、継続的な取引や契約に関する研究です。先ほど申しました通り、そのきっかけは、弁護士として経験した継続的取引の打切りをめぐる紛争でした。これは、当初、想像できなかったほど様々な大きな問題にかかわるものであり、現在に至るまで、私の主要な研究テーマとなっています。これまで三冊の本を書きました。第一作は一九八九年の博士論文をもとにした九四年の『継続的売買の解消』、第二作は二〇〇〇年の『継続的取引の研究』、第三作は今年〔二〇二二年〕出た『継続的契約の規範』です。これらの著作を素材にして、研究のおもしろさを二種類に分けてお話しします。一つは、博士論文の執筆過程で感じたおもしろさ、もう一つは四〇年近くにわたって取り組んできたなかで感じたおもしろさです。

(2) 博士論文の執筆

私は、大学院に入る前にも、弁護士として、いくつか小さな論稿を執筆した経験があります。[14] その執筆は、次のようにして行われます。まず、具体的なテーマが与えられます。テーマは、原稿の依頼元から示されることもありますし、編集者と相談して決めることもありますが、いずれにせよ当初から決まっています。そのテーマについて、論じる問題の範囲を予め限定します。議論を拡散させないためです。しかし、限定された範囲のなかでは関連する現行法をあまねく検討します。民法に関するテーマの論稿でも、手続的な問題や行政的規制なども、当然、検討対象となります。議論は、細部の「詰め」を怠らないことが大切です。そのうえで、具体的で明瞭な結論を提示します。弁護士としての執筆は、こんな感じでしたように思います。

これに対し、研究者として大きな論文に取り組むときの状況は、かなり違います。まず自分が関心を抱いている問題がどのような問題なのかがよくわかりません。私の場合ですと、継続的な取引の解消に伴う紛争は、現実に、しばしば生じるものですが、それが法的にはどのような問題なのか、はっきりしません。どんな方法で論じればよいのかもわかりません。当然、論じる範囲を事前に画定することもできません。様々な可能性を考えながら、関連のありそうな文献をあたってみます。ボーリング調査です。手応えのあるところがあれば、少し掘り下げ、また、少しずつ広げていきます。このように暗中模索をしているうちに、ようやく問題の像がおぼろげに浮かび上がってきます。そこで、それまでに集めた文献を読み込みます。論文を書く際には、この調査の部分が大きな割合を占めます。これはいわば肉体労働であり、地道な作業ですが、意外に楽しいものです。古い外国文献を読んでいると、著者と時空を超えた対話をしているような感覚になることもあります。ここに喜びを感じる研究者も少なくないと思います。このようにして文献を読み進めながら、論じるべき問題の核心は何か、論文の構成をどうするのかを考えます。その目途が立ったら、執筆に入りますが、執筆段階でも考え続けますから、さらに新たな問題や視点が浮上することがあり、構成の手直しをしたりもします。もっとも、このあたりは人によって異なり、予め結論まで明確に見通したうえ、一気に執筆する人もいられるようです。私の場合は、手探りを続けながら執筆するという感じでした。さて、このようにしてようやく結論にたどりつくのですが、その形は一様ではありません。従来、広く受け入れられていた命題に代わる新たな命題を提示するというのが王道ですが、それだけではありません。従来の命題の前提となっている部分を覆すことに重点を置くもの、新たな視点で問題の構造を提示するもの、結論にいたるための新たな方法の提示を主眼とするものなどもあります。結論は留保付きのものであったり、残された問題があったりすることが通常です。こうして、一応、完成しますが、その後も、全体を見返して、構成を組み替えたりすることもあります。さらに、雑誌での公表の段階や、書籍化の段階でも、手を入れます。このように、研究者として論文を書く際には、霧のかかった見通しの悪い山道を切り開きながら進んでいき、なんとか高台らしいところにたどりつく、そこで少し立ちどまり、そこからの眺めを喜びつつ、さらにその先を目指して、また歩き始める、という感覚をもちました。私は、このような作業が、大変だけれどもとても楽しいと感じました。

(3) 長期間にわたる取組み

続いて、長期間にわたって一つのテーマに取り組むことのおもしろさについて、お話しします。先ほど申しました通り、私は、一九八三年に大学院に入ってから現在まで、四〇年近く、断続的ではありますが、継続的な取引や契約の研究を続けてきました。その背景には、社会における変化や民法学の展開という動きがあります。

(a) 社会における変化　まず、社会における変化はこうです。私が、当初、主として念頭に置いていたのは、二当事者の間で、全体としての契約書もないまま、長年継続してきた取引が打ち切られる、という場合の問題でした。それまでの日本の学説では、ドイツ法に由来する継続的債権関係や継続的供給契約に関する議論がありましたが、この問題を正面から取り扱うものは見当たりませんでした。そこで、まず、日本の裁判例の分析をしました。また、外国では特定の取引類型について打切りに関する制定法や判例があることがわかりましたので、その検討もしました。アメリカの自動車メーカーとディーラーの取引、フランスのメーカーと特約店や委託販売外交員（ＶＲＰ）との取引などです。このような様々なパーツの検討を続け、この問題の解決に際して実際に考慮される要素や具体的基準を抽出しました。他方、この問題の全体像を理解するためには、当事者の取引関係そのものを法的に評価することが必要であると考え、アメリカの学者の提唱する「関係的契約法」という考え方や、フランスで議論されてきた継続的契約に関する学説を検討しました。研究を進めていく過程では、これまで日本では知られていなかった概念や基準に遭遇し、研究を進める活力を得ます。こうして完成したのが一九八九年の博士論文であり、それを公刊した一九九四年の『継続的売買の解消』です。そこでは、当事者間の取引全体を包摂する契約がある場合とない場合とに分け、それぞれについて、取引を解消した者の責任の有無を決める要素、具体的基準、その実質的根拠を提示しました。ただ、そこで示した全体の枠組みは、関係的契約法という斬新な理論に心惹かれながらも、伝統的な契約法と信義則の組合せという新鮮味のない構成でまとめることで終わりました。

ところが、第一著作を公刊したころから、実務の変化が進みます。特に商取引において、取引基本契約書などの契約書を作成し、当事者の義務、契約期間、終了事由などについて精緻に規定する実務が急速に広まりました。これに伴い、紛争も、あいまいな取引関係のなかで生じるものよりも、精緻な契約書のもとで、その解釈や効力をめぐるものへとシフトしていきました。これに伴い、私の関心も移っていきます。特に関心をもったのは、実務で発達している基本契約と個別契約の関係、そして、そのような契約形態を生み出す継続的取引の実態でした。こうして、二〇〇〇年に公刊した第二著作『継続的取引の研究』では、日米の取引の実態調査をするなど取引の実態と契約形態との関係を考察するとともに、契約形態の分析方法としてフランスなどの「枠契約」という概念を検討しました。これは、契約という器にどのような内容を収めうるのかだけでなく、器としての契約自体についても考えてみたいという問題意識によるものです。このような問題意識は、博士論文で関係的契約論を検討する際にも抱いていましたが、伝統的契約論を前提とするとしても検討できるのではないかと考えたものです。これに伴い、検討対象は、継続的売買に限らず、各種の継続的取引にまで広がりました。

その後の二〇年ほどを経て、この春、第三著作『継続的契約の規範』を公刊しました。この二〇年は、国内外で契約法・債権法について大きな動きがあった時期です。日本では、二〇一七年に債権法が改正されました。その審議過程において、継続的契約に関する一般的規定を民法に置くことが検討されましたが、最終的には見送られました。他方、同じ頃に債権法・契約法が改正されたフランスでは、民法に「契約の期間」という新しい款が設けられ、継続的契約一般に関する六つの条文が規定されました。日仏で対照的な帰結になったわけです。この動きのなかで、私の関心は、継続的契約の規律のあり方へと向かいました。具体的には、契約の期間や目的物の分割可能性という観点から検討する外国法や国際契約原則を参照しながら、継続的契約における様々な理念の分析や、永久契約の禁止、契約の更新など個別的問題の検討をしました。さらに、より広く、各国の法制や国際的な契約原則における継続的契約の取扱いの多様性にも関心を抱きました。継続的契約に関する規定の有無、ある場合の規律の仕方や位置づけは、大きく異なっています。なぜ異なるのだろうかということです。現在のところ、それは、その社会における関心事、さらには法規範のあり方についての考え方の違いによるのではないかと考えています。継続的契約の概念は、それぞれの法制度・法原則の根底にある特徴を裏から照らし出す作用をもつものではないかと思っています。

(b) 民法学の展開——関連分野の研究の発達　次に、この間、関連分野の研究の発達は、著しいものがあります（以下、この段では敬称を省略します）。私の博士論文とほぼ同じ頃、関係的契約理論の研究（内田貴）や、アメリカにおける継続的取引関係の終了についての研究（行澤一人）が著され、さらに、特約店契約・フランチャイズ契約（高田淳）、長期的契約（橋本恭宏）、継続的役務提供契約（丸山絵美子）に関する研究も出ました。また、後で触れます、継続的契約に関する重要な論文（平井宜雄）も公表されました。最近でも、ドイツにおける継続的契約の解消についての研究（佐藤史帆）が進められています。より一般的なものとしても、契約交渉の破棄（池田清治）や付随義務（潮見佳男）など契約のいわば前後左右の法律関係に関する研究、契約解釈の研究（山本敬三、滝沢昌彦、沖野眞已など）、複数契約に関する研究（都筑満雄、小林和子、渡邊貴など）があります。これらの研究が私にとって刺激になり、自らの考察を深めるよう促したことは、言うまでもありません。

(c) 民法学の展開——方法論　このような関連研究の進展による刺激ということは、幸せなことではありますが、どんな研究者についても多かれ少なかれ生じ得るものです。私の場合の特徴的なことは、それに加えて、方法論に関する問題があります。

これは、私が実務家から研究者になったことと関係しています。私の第一著作の「はしがき」は、「本書は、弁護士であった私と、研究者となった私との、いわば共著である」という文で始まります。また、その少し後に、こう書いています。「本書は、実務的にも研究面でも、中途半端で不完全なものだ。私自身、それを強く意識している。それでも、この段階での出版を決意したのは、一方で、私がこれからますます実務の感覚を忘れていくであろうことを思うと、このようなものであっても『共著』は今しか書けないと考えたからであり、他方で、広くご批判、ご教示を頂いて、いつの日にか書かれるかもしれない『単著』のための研究の糧としたいと願ったからである。」（本書五〇頁）

今では、実務の感覚は、すっかり消え去ってしまいましたが、改めてこの第一著作を眺めてみますと、先ほど申し上げた弁護士としての執筆という色彩が濃いように感じます。取引の打切りという現実の問題を出発点とし、打ち切った者の責任の有無について、裁判例から様々な判断要素を抽出し、それを整理して、具体的基準を示したうえ、その基準を収納するための法律構成を提示するという、いわばボトムアップの方法です。この第一著作では、学説や外国法の状況も検討していますが、その際にも基本的には同様に、帰納的・実証的な思考をしていると思います。

これと対照的な研究として、平井宜雄先生のご研究があります。平井先生は、一九九六年に「いわゆる継続的契約に関する一考察」[15]という論文を公表されました。これは、契約を「継続的」たらしめるものは何かという問題設定をし、取引の対象となる財の「取引特殊性」に着目して「市場型契約」と「組織型契約」を区分して検討するものです。取引費用に関する経済学の研究を素地とし、ご自身の法政策学の研究に基づく、理論的・演繹的なトップダウンの方法による作品です。私は、この作品を拝読して、私の博士論文の審査委員のお一人だった平井先生が、私の論文に不満を覚えられ、理論的な論文はこのように書くのだという、いわば模範演技を示してくださったように感じました。平井先生は、ご自身で「理論好き」だとおっしゃっています。定年を迎えるにあたって書かれた文章に、次のような言葉があります。[16]「カラブレイジさんのお返事……はまるで金色の光を放って飛んできた矢のように、私の耳朶を貫きました。——I am theory-oriented *by nature.* このお返事を忘れない理由は、……『人がどう思おうと、自分はもともと理論好きなのだと開き直ればいい』という確信を与えてくれたからです」。先ほどのご論文も、その表れだと思います。平井先生は、この論文を出発点とされ、後に、「市場型契約」と「組織型契約」の区別を鍵概念とする契約法の体系書[17]を執筆されました。[18]

他方、内田貴名誉教授は、関係的契約理論を出発点とする契約理論を展開されました。[19] 関係的契約理論というのは、アメリカのイアン・マクニール教授の提唱したものですが、内田名誉教授はこの理論に示唆を得つつ、契約の実践における内在的規範を契約法に取り込んだ、現代的契約法を提唱されました。継続的契約のみならず、契約法全体に及ぶ大きなご業績です。

これらの優れた研究があるなかで、自分は何をすべきか。これが長年の間、模索してきたことだろうと思います。平井先生のトップダウン型の理論に感嘆しつつ、私としては理論モデルに対する実証の比重をもう少し大きくしたいという気持ちがぬぐい切れません。内田名誉教授による契約観自体の再構成には強く惹かれるのですが、関係的契約法について、博士論文執筆段階から感じていた問題点は、なお克服できません。これらのご業績とは異なるアプローチはないのかを試行錯誤してきたように思います。今、自分のしてきたことを振り返ってみますと、継続的契約という不明確な概念に対して、いくつかの異なる角度からサーチライトを当てて問題の全体像を浮かび上がらせる、そのうえで、一方で継続的契約において問題となる様々な実質的価値を分析する、他方でそれらを適切に実現するための契約の構造と内容を考察する、このような試みを続けてきたのだと思います。

このように、修士論文から第三著作までの間、継続的取引に関する実務の変化、契約法学の展開、立法に向けての検討など、私の研究に関連する外部の動きがあり、その刺激を受けながら、研究を続け、考察を深めたり、方法論を考えたりしてきました。これは、長期間に一つの研究テーマに取り組むことの喜びといってよいのだろうと思います。

3　教科書の執筆

素材の三つ目として、教科書の執筆についてお話しします。法律の教科書を執筆するおもしろさは、一般的にいうと、ある領域の法の全体像を自分の視点で描き出すことにあるのだろうと思います。ただ、ここでは、もう少し微妙な心理についてお話ししたいと思います。私が単独で執筆した教科書は、岩波書店から出ている『債権総論』[20]と、有斐閣から出ている『契約法』[21]の二冊です。両者は、レベルも形式もほぼ同じなのですが、執筆の意図には若干の違いがあります。この違いが、今日、お話ししたいことです。

⑴　『債権総論』

『債権総論』は、一九九九年に執筆の依頼をいただき、二〇〇八年に初版が出ました。この間の九年は、私が一橋大学に勤務していた時期に含まれます。私は、当時、いくつかの仕事をしていました。一つ目は、法科大学院の開設準備と開設後の運営です。これに伴い、裁判官や弁護士など法律実務家と法科大学院のあり方について相談したり、教材となる本[22]を一緒に作成したりすることがありました。二つ目は、司法試験委員の仕事です。旧司法試験から新司法試験に変わる時期であり、どちらも経験しました。ここでも、裁判官や弁護士の方々と一緒に作業をすることがありました。三つ目は、「民法改正委員会」という名称の研究会への参加です。これは数名の中堅の民法研究者と民訴法研究者から構成される研究会で、担保法、債権法、家族法の改正について共同研究をしました[23]。そこでは、まさに最先端の議論が交わされていました。

これらの仕事をするなかで、民法研究者が熱心に議論していることについて、裁判官などの実務家はあまり関心を示さず、いわんや学生や受験生にはほとんど伝わっていないと感じることが少なくありませんでした。たとえば、改正前民法のもとでの売主の瑕疵担保責任について、当時、学説では契約責任説が優勢になっており、時的区分説が台頭してきていましたが、受験生の世界では予備校で覚えた法定責任説が支配的でしたし、実務家は、学説の議論は実務にはあまり影響しないと考えていられたからか、関心が低かったように思います。履行遅滞による解除について債務者の帰責事由が必要かという問題や、履行補助者を用いた債務者の責任の問題などもそうです。学説の議論と実務家や学生の認識の間に溝があり、しかもそれぞれ自分には責任はないと考えているように思えました。先端的な議論をしている第一線の研究者のなかには、一般にはまだ浸透していない概念を使いつつ、実務家や学生が理解できないのは、その人たちが不勉強だからだと思っている人もいるように感じました。実務家の側では、研究者は「部分社会」のなかで実務に役立たない議論をしている、という方もいました。そして、学生のなかには、学説の議論など眼中になく、答案に書きやすい見解だけを暗記し、それを機械的に答案にいわば貼り付けるという人がかなりいるように思いました。

しかし、研究者は、決して空理空論をもてあそんでいるわけではありません。それまでに形成された法を踏まえつつ、世の中の変化や人々の意識の変化のなかで、外国の状況も眺めながら、現代の日本社会にふさわしい法を提示することを考えていると思います。このことは、おそらく、抽象的には実務家にも学生にも理解されていると思います。ただ、実務家には目の前の仕事があり、学生には司法試験などの試験があります。実務家や学生が先端的な学説の不安定な議論を追いかけることは、コスト・パフォーマンスがあまりにも悪く、リスクが大きすぎるということは、よく理解できます。それでも、私は、この状態を残念に思いました。特に、民法の債権法改正を前にして、多くの人の知恵を結集すべきときに、なんとかしなければと思いました。

このような気持ちが『債権総論』の初版のはしがきに表れています。こう書いています。「むずかしいといわれる債権総論を少しでも平明に伝えることは、大学でこの分野を研究する機会を与えられている者の責務であろう」。ここで「伝える」という言葉を使っているところが、私の気持ちの表れです。もちろん、研究者として著作を出す以上、自分の考えを示すのは当然です。ただ、法状況を「伝える」ためには、自分の見解も相対化する必要があります。ですから、判例や学説の状況をできるだけ客観的に描写したうえで、自分の見解を理由を付して示すということを基本方針にしました。本書の構成を民法の債権総則の順序と大体同じにしたのも、同様の考えによるものです。債権総論の教科書では、自らの理論的体系に基づいて、また、教育的効果も考えて、独自の構成を示す優れたものが多くあります。債権総論という学問領域の存在意義について議論のある現在、独自の構成を示すことは、とても価値のある仕事だと思います。他方で、現在の法状況を伝えるためには、むしろ民法典の構成によることにも積極的意味があるのではないかと考え、本書の構成としました。

このように、本書では、債権総論の現在の水準を客観的に描写し伝えることを重視しました。そんなのは研究者としての仕事ではない、研究者は自らの体系や新しいパラダイムを示すことこそが仕事だろうという批判は、当然、ありうると思います。しかし、本書は、先ほどの問題意識により、あえて、このようなコンセプトで執筆した次第です。本書は、幸い版を重ね、債権法改正後に第四版を出すことができましたが、「伝える」という考え方は変わっていません。できれば、いつか第五版を出したいと思っています。

(2) 『契約法』

次に、『契約法』のお話をします。この本の執筆の話をいただいたのは、債権総論よりも早く一九九七年でしたが、刊行はずっと遅れ、初版が出たのは二〇一七年でした。その経緯については、既に「書斎の窓」という有斐閣のPR雑誌に書きましたので(24)、繰り返しません。ここでは、『債権総論』との執筆動機の微妙な違いについて、お話ししたいと思います。実は、この点は、自分でもぼんやりとは感じていたのですが、今回の講演の準備を進めているうちに、その違いが明瞭になってきたものです。

『債権総論』の初版のはしがきでは、先ほど申しましたとおり、「債権総論を少しでも平明に伝えること」を目標として掲げていますが、後の方に、次のような記述もあります。「本書を読了した後、債権総論は、むずかしいけれども、おもしろいものだ、という印象を抱くようになられた読者が、少数ではあっても、いてくださることを、実は期待してもいる。」つまり、「おもしろさ」を感じるかどうかは、読者に委ねています。控えめです。これに対し、『契約法』は違います。初版のはしがきは、いきなり、「契約法はおもしろい、と思う。」という言葉から始まります。そして、次のパラグラフの冒頭で、「このおもしろさを書き表したかった。」といっています。押しつけがましいですね。

つまり、『債権総論』では、客観的な法状況の伝達を主眼としているのに対し、『契約法』では、主観的な思いが前面に出ています。もちろん、法状況の描写の部分は、内容も水準も、両者で変わりありません。執筆意図の違いといっても、微妙なものです。『債権総論』は、学説と実務や学生との間の溝をなんとかしたいという意識が推進力であったのに対し、『契約法』は、こんなにおもしろいことを、ぜひ分かち合いたいという気持ちが推進力だったという違いです。では、なぜ契約法のおもしろさを強調したのか。二つの理由があります。

一つ目の理由は、学生時代に読んだ契約法の本があまりおもしろくなかったことです。学生時代は、契約法については、我妻栄先生の『民法講義』シリーズのなかの三冊[25]を読みましたが、十分に咀嚼できませんでした。そこで、試験用に、もう少しコンパクトな教科書を何冊か読みましたが、あまりしっくりきませんでした。他方、学生時代に、星野英一先生の「現代における契約」という論文[26]を読んで、とてもおもしろいと思いました。また、後のことですが、星野先生の「契約思想・契約法の歴史と比較法」という論文[27]から感銘を受けました。継続的取引の研究に入ってからは、契約法の広がりと深さを知り、その思いが強くなりました。このおもしろさを含む教科書としては、星野先生の『民法概論Ⅳ（契約）』がありますが、この本が出たのは、私が学部を卒業した後であり[28]、読んだのはもっと後のことでした。読んでみて、おもしろいと感じましたが、仮に私が学部学生の頃にこの本を読んだとして、そのおもしろさを十分に味わえたかというと、自信がありませんでした。この本の価値を理解するためには、読者にある程度の力量が既にあることが求められるような気がします。契約法のおもしろさを、もう少しわかりやすく伝えられないかと思いました。

二つ目の理由は、契約法のおもしろさを、民法研究者として書き表したいと思ったことです。現在、契約法は、多様に分化しています。労働法、商取引法、消費者法などの各分野で大きな発展を遂げています。そうすると、民法に残されているのは空洞化された形式的なルールだけではないか、民法研究者は条文の解説をすることしかできないのではないかとも言われそうです。しかし、そうではない、民法研究者も、契約法の豊かさ、おもしろさを表わせるのではないか、そうしたい、と考えました。

ここで、ヒントになったのは、一九九八年のフランス留学中に買った『契約《Le contrat》』という本でした。[29] 著者はオベールという方で、パリ第一大学の民法の教授でしたが、一九九四年、五五歳のとき、破棄院判事に転身し、その後間もない一九九六年に本書を公刊しました。これは、本文一三二頁の新書サイズの小さな本です。「契約の概念」「意思の合致」「契約の成立」「契約の債務を発生させる効果」「契約状態」という五つの章から構成されています。本書によって、法律家でない人々は契約法の概要を理解することができ、法律家は契約現象を全体的に把握し、契約法の現代的発展を体系的に理解することができるなどと背表紙に書かれています。これが目標になりました。私の『契約法』の前半の総論部分は、オベール先生のこの本の狙いを意識しつつ、民法研究者としての契約法を示したいという気持ちで書きました。他方、後半部分は、契約各論ですが、こちらは各種の契約についてこれまでの教科書等とさほど違わない構成になっています。

このような二つの理由から契約法のおもしろさを表したいと思って執筆しましたので、苦労しながらも楽しかったのですが、少し思い入れが強すぎ、前のめりになっているかもしれません。もし、次の版を出す機会があれば、さらに工夫してみたいと考えています。

(3) 教科書執筆の楽しさ

こうしてみると、二冊の教科書の執筆に際して私が感じていたのは、執筆意図の微妙な違いによる、それぞれ違う種類の楽しさかもしれません。『債権総論』は、客観的な法状況を伝えることにより、研究者・実務家・学生に共通する議論の場を提供したい、それは法改正の素地となりうるかもしれないという、いわば公共的な活動をする充実感です。『契約法』は、自分がおもしろいと感じたことを民法研究者として表現し、読者に分かち合っていただきたいという、より主観的な希望が基本となっています。このように、やや違う種類の楽しさですが、執筆は苦労しつつもやりがいがあり、脱稿したときは達成感がありました。そこで、これも研究の楽しさの例として、ご紹介した次第です。

4　交流の楽しさ

以上、三つの素材について、研究をしていて楽しいと感じたことのお話をしました。これらは一人でこつこつとする仕事ですが、研究生活の楽しさは、他の人との交流という面でも大きいと思います。まず、法学教育があります。講義や演習を通じて学生や院生の方々と交流することは、かけがえのない貴重な経験です。一所懸命に準備をしても、十分に伝わらないことがある。そこで、受講者の質問や反応を通じて、修正していく。時には、思いがけない質問を受けて、自分の考えの足りないところに気づくことがある。これらが研究を深めるきっかけになることもあります。また、自分では、なにげなく発した言葉に、学生の方が強い印象を受けてくださっていたと後から知ることもあります。私は、この三月で教員生活が終わりましたので、学生の皆さんとの交流がいかに楽しく、貴重なことであったかとしみじみと思います。先日、司法試験の合格発表があり、早稲田で教えた人たちから、結果報告のメールをたくさんもらいました。自分でも驚くほど感激しました。このほか、法学教育の最終段階としては、研究者の養成があります。私は、研究指導の際、自分の役割は、助教や院生のもっているものを引き出す助産師としての仕事だと考えながら、携わってきました。実際、その人のもっているものが、本人の予想さえ超えて現れ、結実することがあります。これは非常に大きな喜びです。

次に、共同研究があります。本日のお話のなかでも、「約款法研究会（現代契約法研究会）」「民事法判例研究会」「民法改正委員会」に言及しました。これらの研究会に参加して得られた知的刺激、充実感は、とても大きく、私にとっては決定的なものでした。また、共同ということですと、編集者の方々との共同作業も、楽しく有益なことです。

三つ目に、在外研究や国際交流があります。私は、パリに二回滞在しましたが、年をとってからの留学で、期間も短いものでしたので、乏しい成果しか上げられませんでした。それでも、外国人として、日本にいるときとは違う立場で、違う時間の流れのなかで、生活し、現地の教授や学生と拙いフランス語でやりとりしながら勉強するという経験は貴重でした。もっと若い時期に在外研究をして、現地の同年代の研究者と家族ぐるみの交際を続けていられる方々を拝見しますと、羨ましく思います。国際交流は、欧米のほか、東アジアの諸国とのお付き合いがあり、楽しい思い出がたくさんあります。

最後に、大学の外での仕事があります。法制審議会をはじめとする立法の準備のための行政庁の会議や、司法制度に関する裁判所の会議など、各種の会議があります[30]。また、司法試験など資格試験の仕事もあります。これらの仕事のなかには、研究からは少し離れるものや膨大な時間を要するものもありますが、民法研究者として発信したり、民法以外の分野の専門家や法律実務家の意見を伺ったりすることのある貴重な場でもあります。一人で机に向かうという地道な仕事とのバランスのとり方がむずかしいのですが、これも研究者として重要であり、やりがいのある仕事だと思います。

このように、書斎の中での研究と、書斎の外での交流とが両輪となって、研究生活の楽しさが形成されていると思います。

おわりに――岐路に立つ皆さんに

私のお話は、これでだいたい終わりです。第二部の話は、それほど目新しいことはなく、第一部の方が特徴的なのだろうと思います。そこで、最後に、今、岐路に立っていられる皆さんに、特に研究者になることも考えていられる方々に、一言申し上げたいと思います。

一般論としていえば、民法の研究者を志望なさるのであれば、学部又は法科大学院を卒業したら、そのまま研究室に入るのがよいと思います。私が弁護士をして得たものは、もちろんあります。法律論は、モノローグではなく、他の人に的確に伝えることが必要ですが、実務ではそのトレーニングを受けたと思います。具体的な結論を出すことや、目的の達成のために工夫をこらして考え抜くことの重要性も体感しました。適切な解決のために必要な、細部のニュアンスについてのデリケートな感覚も、当時は身に付けていたと思います。しかし、これらはいずれも研究者にとってのコアの部分ではないように思います。他方、私は、弁護士をしながら博士論文を書いたため、いわば退路があったわけですが、裏返せば、背水の陣で暗闇のなかを歩きながら懸命に活路を見出すという経験をしなかったことになります。さらに、民法学に自分がどう取り組むべきかという根源的な問題や、日本民法学はどうあるべきかといった大きな問題をパスしてしまったことも欠落部分だと思っています。最初から研究者の道を選ばれた人のなかには、新しい世界の提示、新しい方法の開発、さらには新しい学問分野の開拓など、大きな野心を抱いている方がいらっしゃると思います。もっとも、私が根源的な問題や大きな問題を回避したこと、あるいは、野心をもたなかったことは、回り道をしたからではなく、私の資質・能力の問題かもしれません。しかし、いずれにせよ、皆さんが回り道をする必要はないと思います。

では、二、三年、とりあえず実務の経験をしながら考え、自分の適性を見極めたうえで研究者になるというプランはどうでしょうか。私は、そのような心づもりで実務家になることは、やめられた方がよいと思います。弁護士にせよ、裁判官にせよ、腰掛けのつもりでできる仕事ではありません。実務家になる以上は、プロになることを目指すべきだと思います。しかし、そのうえで、何年か経ってやり直すことは、ありうると思います。これが私の例ですが、先ほど申し上げたような研究者としての欠落部分を抱えることがあるうえ、転職は周囲に大きな迷惑をかけることになります。あちこちにご迷惑をおかけしてきた私が言えることではないのですが、やはり本当に申し訳なかったと思っています。

最後に、実務家をしながら研究者でもあるという選択はどうでしょうか。現在、実務家と研究者の間の垣根は低くなっています。法科大学院では、実務家教員と研究者教員が協力して教育にあたっています。弁護士も裁判官も、留学する人は少なくありません。外国法へのアクセスは、大きな法律事務所では研究者よりも優位な面もあります。社会人が働きながら博士の学位を取得するコースは、いくつかの大学で用意されていますし、現にそのようにして学位をとられた実務家の方が何人もいらっしゃいます。実務家でありつつ優れた研究成果をあげることは、十分に可能だろうと思います。ただ、それを超えて、実務家と研究者を兼ねるという生き方は、どうでしょうか。私には、それはできませんでした。実務家は、いわば「現行法の専門家」として、[31] 広範な知識と経験に基づいて、問題の具体的解決にあたります。これに対し、クライアントがいない、目的も定まっていない、考察の範囲も画定されない状態で、問題らしいものを探り当て、それを様々のレベルや角度で検討すること、あるいは、[32] 既存の問題であっても、星野先生の有名なお言葉を借りれば、「より深く、広く、遠くから」検討するという作業は、研究者固有のものだと思います。このような実務家の仕事と研究者の仕事を、うまく切り替えながら両立させる方は、いらっしゃるとは思いますが、私のようにできない人も少なくないのではないかと思います。なお、年輩の研究者が弁護士登録をすることは、現在、珍しくありませんが、これは研究者として完成した方が弁護士の経験もするという選択であり、性質の異なる話だと思います。

私の話は、以上です。本日は、研究の楽しさ、おもしろさをお伝えしようと思いながら、余計なことをたくさん申しました。どこか一部分でも参考になることがあれば、また、研究者という仕事に関心を抱かれた方がいてくだされば、大変嬉しく思います。ご清聴ありがとうございました。

(1) 釘澤・須藤法律事務所（その後、釘澤・須藤・小澤法律事務所を経て、現在は、東京富士法律事務所）。所長の釘澤一郎弁護士は、法律相談所の創設者の一人であり、学生時代から存じ上げていました。二人の先輩（須藤英章・小澤徹夫弁護士）は、釘澤弁護士の司法研修所教官時代のクラスの教え子であり、私にとっては大学の先輩でした。
(2) 第二次大戦終結後もシベリアで抑留され強制労働をさせられた方々の国家賠償請求訴訟。
(3) 我妻栄「井戸を掘れ」同『民法と五十年 その3』（一九七六）二八六頁〔初出一九六五頃〕。
(4) たとえば、「歴史認識と規範認識の連結」につき、森田修『強制履行の法学的構造』（一九九五）三三二頁以下参照。
(5) 志賀直哉「小林多喜二宛書簡（昭和六年八月七日）」『志賀直哉全集第一六巻』（一九五五）二一九頁。
(6) 平野謙「解題」『大江健三郎全作品6』付録（一九六六）二頁以下。
(7) 三島由紀夫「大江健三郎氏の書下し『個人的な体験』」週刊読書人五四二号（昭和三九年九月一四日号）（一九六四）三頁。
(8) これに対する反論として、三浦朱門「主人持ちの文学（追悼・遠藤周作）」文学界五〇巻一二号（一九九六）二二六頁。
(9) 大久保房男「主人持ちと一匹狼」同『理想の文壇を』（一九九三）一八頁は、「主人持ち」とは「誰かに、あるいは何かに従属している人」を貶す文壇用語だというが、ここでは、人の振舞いではなく、作品の内容に関する言葉として取り上げる。

(10) 丸山真男『日本の思想』(一九六一)一七頁以下。

(11) 我妻栄「私法の方法論に関する一考察」同『近代法における債権の優越的地位〔SE版〕』(一九八六)三二三頁〔初出一九二六〕、星野英一「民法解釈論序説」同『民法論集第一巻』(一九七〇)一頁〔初出一九六八〕、平井宜雄『法律学基礎論覚書』(一九八九)・同「続・法律学基礎論覚書」(一九九一)〔いずれも、同『法律学基礎論の研究』(二〇一〇)所収〕。鳥瞰するものとして、瀬川信久「民法の解釈」星野英一編代『民法講座別巻1』(一九九〇)一頁、同「日本における利益衡量論」ICCLP Publications No. 15(二〇二〇)一一頁、同「利益衡量・比例原則の新たな広がりと課題――日仏の比較検討」日本學士院紀要七六巻一号(二〇二一)五五頁。中田『民法解釈方法論と実務』を読んで」(本書一三四頁)参照。

(12) 文脈は異なるが、「法的思考様式」と「目的=手段思考様式」の対比につき、平井宜雄『法政策学〔第二版〕』(一九九五)一五頁以下参照。

(13) 我妻・前掲注(11)一頁。

(14) 中田「更生手続と継続的供給契約」金融・商事判例五五四号(一九七八)六〇頁、商事法務研究会編『破産会社vs.債権者』(一九七八、分担執筆)、中田「リース取引をめぐる実務上の問題点」NBL一八九号六頁・一九一号一四頁(一九七九)、同「指名債権の譲渡等と債務者の立場」NBL二三二号(一九八一)六頁、中田=行方国雄「相殺と手形の呈示をめぐる実務上の留意点」NBL一九九号(一九七九)六頁など。このほか、古賀正義監修・山田伸男編『損害賠償の法律常識』(一九八〇、分担執筆、日本評論社)、レナード・W・リーヴィ(古賀正義監訳、喜田村洋一=中田訳)『最高裁の逆流』(一九八一、ぎょうせい)。

(15) 平井宜雄「いわゆる継続的契約に関する一考察――『市場と組織』の法理論」の観点から」星野英一古稀『日本民法学の形成と課題 下』(一九九六)六九七頁〔同『民法学雑纂』(二〇一一)三八七頁所収〕。

(16) 平井宜雄『教壇と研究室の間』(二〇〇七) 四一五頁以下〔初出原稿は一九九八年〕。
(17) 平井宜雄『債権各論Ⅰ上 契約総論』(二〇〇八) 六四頁以下。平井・前掲注(15) 雑纂四一一頁以下参照。
(18) このほか、潮見佳男「投資取引と民法理論」同『契約法理の現代化』(二〇〇四) 四〇頁〔初出一九九八・二〇〇二〕は、投資の勧誘をめぐる紛争について、実務的アプローチと理論的アプローチの違いを指摘する。すなわち、実務家のアプローチは、勧誘者の責任の有無に関する「基準探しと基準作りの作業」であるのに対し、民法理論としては、契約や民事責任の基礎理論を充実させることが求められると述べ、自己決定原則を基本としつつ、その機能不全を是正するものとして「投資者保護公序」の構想を提示する。本書一五三頁は、同書の書評である。
(19) 内田貴『契約の再生』(一九九〇)、同『契約の時代』(二〇〇〇)、同『制度的契約論――民営化と契約』(二〇一〇)。
(20) 中田『債権総論』〔初版二〇〇八、新版二〇一一、第三版二〇一三、第四版二〇二〇〕。
(21) 中田『契約法』〔初版二〇一七、新版二〇二一〕。
(22) 鎌田薫＝加藤新太郎＝須藤典明＝中田＝三木浩一＝大村敦志『民事法Ⅰ・Ⅱ・Ⅲ』〔初版二〇〇五、第二版二〇一〇〕。
(23) 内田貴ほか「特別座談会 担保法の改正に向けて」ジュリ一二二三号四八頁・一二二四号三六頁 (二〇〇二)、同「同 債権法の改正に向けて」ジュリ一三〇七号一〇二頁・一三〇八号一三四頁 (二〇〇六)、同「同 家族法の改正に向けて」ジュリ一三二四号四六頁・一三二五号一四八頁 (二〇〇六) 参照。
(24) 中田「架空出版記念会――『契約法』を刊行して」(本書九五頁)。
(25) 我妻栄『債権各論上巻・中巻一・中巻二』(一九五四・一九五七・一九六二)。
(26) 星野英一『民法論集第三巻』(一九七二) 一頁〔初出一九六六〕。
(27) 星野英一『民法論集第六巻』(一九八六) 二〇一頁〔初出一九八三〕。

（28）第一分冊（一九七五）、第二分冊（一九七六）が出た後、合本となった（一九八六）。
（29）Jean-Luc Aubert, *Le contrat*, Dalloz, 1996. 二〇〇八年にオベールが逝去し、二〇一六年に民法（契約・債権債務関係）が改正された後も、Jean-Luc Aubert et François Collart Dutilleul, *Le contrat. Droit des obligations*, 5e éd, Dalloz, 2017として刊行されている。
（30）中田『私法の現代化』（二〇二二）は、立法準備作業に際しての論稿などをまとめたもの。
（31）ジャン・アンベール（三井哲夫＝菅野一彦訳）『フランス法制史』（一九七四）一六七頁〔三井執筆「訳者あとがき」〕。
（32）星野英一『民法論集第七巻』（一九八九）二九八頁・三一七頁〔いずれも一九八五初出〕。

（東京大学法科大学院・研究案内講演会における講演〔二〇二二年九月一二日〕）

Ⅱ　研究室の日々

●千葉大学で●

著書の「はしがき」から

本書は、弁護士であった私と、研究者となった私との、いわば共著である。弁護士として社会に出て、すぐ、現実の取引では継続的なものが多く、重要であることを知った。そこで、執務の必要上、少しずつ文献を集めたり、ついでに小さな論文を書いたりもしていたが、どんな分野においてであれ一つの井戸を深く掘ってみるように、という先人の言葉に励まされ、大学院での研究も並行して始めることにした。研究が進むにつれ、このテーマが予想外に大きな問題を含んでいることがわかり、悪戦苦闘したすえ、一九八九年三月、なんとか、本書のもとになる同名の学位論文を提出することができた。これに手を入れたものを法学協会雑誌(一〇八巻三、四、七、一一、一二号、一〇九巻一号。一九九一～二年)に掲載して頂き、更に筆を補って本書が生まれた。気がつけば、いつの間にか私は研究者の世界に入っていた。

弁護士と研究者とでは、物の見方が違うように思う。弁護士は、特定の具体的な問題を解決するために、関連するあらゆる実定法を総動員して取り組む。そこでは、細部や手続きも決しておろそかにできない。一つの問題が解決した後には一つの経験が残り、それが積み重なって「臨床の知」が形成されていく。研究者は、その専攻領域において、先人の築いた業績に立脚して、新たな一歩を進めるべく、成果を伝達と批判の可能な形で提示することに努める。具体的事例は、離れたところから眺める。ときには細部は思い切って刈り落とし、森の姿を明らかにすることが重要になる。問題は一つずつ完結的に解決されていくのではなく、常に「今後の課題」を残しながら続いていく。私にはこのように思われ、本書を執筆する過程でも、このことが常に気になっていた。本書は、実務的にも研究面でも、中途半端で不完全なものだ。私自身、それを強く意識している。それでも、この段階での出版を決意したのは、一方で、私がこれからますます実務の感覚を忘れていくであろうことを思うと、このようなものであっても「共著」は今しか書けないと考えたからであり、他方で、広くご批判、ご教示を頂いて、いつの日にか書かれるかもしれない「単著」のための研究の糧としたいと願ったからである。(後略)

(『継続的売買の解消』〔一九九四年九月、有斐閣〕i頁)

図書館がくれたもの

最初に入ったのは小学生の頃、近くの市立図書館だったと思う。多分、友だちと遊びに行ったのだろうが、はっきりした記憶はない。中学に入学すると、明るく大きな図書室があり、とても嬉しかった。新緑の放課後、好きな本を読み耽った充実した時間を思い出す。大学二年のとき、教授が言及されたご自身の判例研究に興味を抱き、講義の後、図書館に行って掲載誌を借り出した。よく判らないところもあったが、その鋭さに知的興奮を覚えた。あの夏の夕暮れの印象は鮮明だ。この頃まで、図書館は、ただもう喜びを与えてくれた。

学年が進むと、図書館は勉強の場と化した。最初はまだ、法律書や法律雑誌を借りて読むという、まっとうな利用者であったが、司法試験受験の頃になると、教科書と六法を持ち込んで勉強するようになった。図書館は静かで落ち着いた場所を提供してくれた。同じように勉強している友人たちの真剣な姿に出会える場でもあった。ただ、それは本来の利用の仕方ではないという後ろめたさもあったように思う。

研修所を経て実務につき、また、大学で研究教育をするようになってからは、図書館は最大の情報源となった。論文執筆、研究報告、講義準備等々に、その情報は不可欠である。

本学に着任して、まず図書館を案内して頂き、その規模と充実ぶりに感銘を受けた。法律関係だけでなく、広く社会科学、更には人文科学にも及ぶ、多くの図書が並ぶ書庫の中を歩くと、気のせいか視野が広くなるようにも感じる。外国雑誌は、わが国で二つしかない社会科学系外国雑誌センターを擁するため、他では入手困難なものさえ少なくない。昨秋新しくなった新刊の開架部分は、心をうきうきさせる。検索には、あの効率的なヘルメスがある。

図書館は、私にその時に応じて様ざまなものを与えてくれた——喜びを、感動を、知識を、場所を、情報を。本学の図書館は、疑いなく超一級だ。利用者に、そのどれも、また、それ以上のものをも与えるだろう。大学生活を送ることのできる時間は限られている。学生も教職員も。旧館閲覧カウンター正面のTEMPUS FUGIT（時は去り行く）の文字を眺めつつ、この図書館を日々利用できる喜びと、その期間が有限である哀しみとを感じる。

（一橋大学附属図書館報・鐘三二号〔一九九七年三月〕二頁）

法曹養成

〔前注〕一橋大学に勤務している時期に、司法制度改革が進められた。本稿は、「司法改革と国民参加――司法制度改革審議会中間報告をめぐって」という企画の一部をなすものとして執筆したものである。法科大学院制度開始の三年ほど前のことだった。当時、一橋大学において「いわゆるロー・スクール問題」の検討に参加していたが、個人的には、弁護士であった年数に大学教員となってからの年数が接近してきた頃であり、その時点における教育研究と実務との関係についての思いを率直に述べている（注（1）参照）。後年の感想は、鎌田薫・松岡久和・小粥太郎各教授との座談会「平成の法学教育――民法分野を中心として」法時一一四一号（二〇一九）七六頁を参照。

一　はじめに

法曹養成を論じるとき、問題となるのは、論者自身の経験によって、その議論が支配されがちなことである。実務法曹、法学研究者、企業法務家として、あるいは、司法制度の利用者として、自らの経験に基づく発言がなされる。それらは実感のこもったものではあるが、一面的になる恐れもある。本稿もまた、そのような制約を免れない。以下に述べることは、やや変則的な経歴をもつ筆者の、文字通りの管見である。(1)

本稿の対象は、司法制度改革審議会中間報告(平成一二年一一月二〇日)の「3.人的基盤の拡充 (1)法曹の質と量の拡充 ア新たな法曹養成制度の構築」だが、その中の「(ア)法科大学院」を中心に検討したい。筆者の専攻との関係で、主に民事法の領域での叙述となる(以下、中間報告の引用は、「3.(1)ア(ア)」に続く項目番号のみで示す)。

中間報告は、法科大学院の教育のあり方を「理論的教育と実務的教育を架橋するもの」と位置づけ(a(b))、「研究者教員と実務家教員の連携協力」により(b(d))、三年間の標準修業年限(法学既修者については二年)の後、相当程度の者が新司法試験に合格するという教育を想定する(b(b)、b(e))。つまり、教育内容において「理論的教育」と「実務的教育」の、教育主体において「研究者教員」と「実務家教員」の、教育対象において「法学既修者」と「法学未修者」の、組み合わせを考えている。順次、検討する。

二　「理論的教育」と「実務的教育」

1　中間報告の内容

中間報告のいう「理論的教育」「実務的教育」の内容は、必ずしも明確ではないが、次の文章がそれを示唆しているようである。即ち、「法科大学院では、実務上生起する問題の合理的解決を念頭に置いた法理論教育を中心としつつ、実務教育の導入部分（例えば、要件事実や事実認定に関する基礎的部分）をも併せて実施することとし、体系的な理論を基調として実務との架橋を強く意識した教育を行う」という部分である（b(d)）。この記述を契機として、「理論的教育」と「実務的教育」との関係を考えてみたい。

2　「理論的教育」の意義

中間報告は、「理論」における「体系」を重視する。たしかに、かつて我妻栄博士が「真の解釈」のためになすべきことの一つとして「社会生活の変遷に順応した、しかも現行法の体系として矛盾なき統一的解釈理論を構成すること」を挙げたように[2]、「体系的な理論」の重要性は自明であるかにみえる。しかし、実務家からは、「体系」の実務的意義についてかねて疑問が示されていた[3]。近年のロースクール論議でも、「体系」に対する消極的評価を述べるものがある。[4] 社会科学者からみると、法律学における「理論」とは、「とりたてて根拠があるとは限らないようなドグマ（教義）の『体系』」であり、その議論はカルト的だと思われるだろうという、法学者の指摘もある。[5] 他方、民法学説では、以前から体系化の意味が検討されており、少なくとも論理的体系性と価値的体系性とがあることが意識されている。[6]

そこで、「体系的な理論を基調」とする教育の内容と目的、更にはその要否が問われることになる。民法を例に考えよう。第一に、民法の論理的体系性を強調する教育が考えられる。これに対しては、概念法学であるといった批判が予想される。ただ、論理的体系性自体は軽視すべきでないし、また、このような教育も一定の効果をもつことがあろう。第二に、社会の現実を反映し、「問題」に即して再編成された民法体系を示す教育が考えられる。[7] 現実の社会事象を民法の体系にフィード・バックさせるこの方法は、「体系」「概念」「問題」に対する批判的視点をも意識させつつ、民法の総体を示すものであり、より高い教育効果も期待できる。ただ、実務的教育を強調する論者は、これも、結局は、再構築された体系を重視するものであり、そこでの「問題」もなお抽象的であるという批判を投じるかもしれない。第三に、価値的体系性をより強く意識した教育が考えられる。これに対しては、前二者とは違った意味での批判、即ち、それは「万古不易の超歴史的で超越論的な」「法の世界」[8] を示そうとするものであるという批判が予想される。しかし、かなりの民法学者は、そのような批判を認識しつつ、また、歴史的な経緯も十分に承知しつつ、なお、民法に内在する基本価値を説き明かそうと努めているように思われる。

実務では、学説は、下級審判決と同程度の、正当化のための一つの補強資料としての位置づけしか与えられないのだろう。[9] 弁護士や企業法務家になれば、否応なく「目的＝手段」思考様式[10]をとり、また、問題起点思考[11]をするようになる。つまり、「体系的な理論」を意識することは稀になる。これらは実務家として当然のことである。

しかし、森に入る前に、森の形を見ておいた方が良いのではないか。森の形が時とともに変化するとしても、また、見る方向によって森の形が違うとしても、森を見るという視点があることは知っておいた方がいい。森は実は蜃気楼にすぎないという見解をとるにしても、森を見ようとしている人々がいるということは知っておいた方がいい。

「体系的な理論」は実務には直接役立たないのかもしれない。しかし、実務の現状を批判的に分析し新たな実務の創造に取り組む視野を提供するという意味はある。この意味において、「体系的な理論を基調とする教育」は、必要である。[12]

3 「実務的教育」の意義

中間報告は「実務」の面から、「実務上生起する問題の合理的解決」を意識すべきこと、また実務教育の導入部分として「要件事実や事実認定に関する基礎的部分」があることを指摘する。[13] しかし、「実務的教育」の内容はなお明確ではない。実際、それには種々のものがありえよう。ここでは、四つのレベルの「実務的教育」を考えてみたい。

第一は、実定法の理解を深めるために、実務を素材として用いる教育である。二種類ある。一つは、知識の定着化を目的とする。判例などをモデル化して作成された「設例」について考えることにより、知識を正確にし、定着させることができる。もう一つは、知識の具象化を目的とする。不動産登記、供託、債権譲渡の通知、約束手形、訴状などを「目で見る」ことによって、社会における法の実際の機能がわかるようになる。この第一のレベルでは、「実務」は、特定の法規範を十分に理解させるための手段として位置づけられるが、同時に、以下に述べる各レベルに導くものともなる。

第二は、法曹実務の技術を修得するための導入教育である。中間報告のいう「要件事実や事実認定に関する基礎的部分」の教育はこれにあたる。二つの目的がある。一つは、それまでに得た知識とは異なる次元の法実践があることを、認識させることである。それは、実定法の立体的理解に資することになる。もう一つは、法曹としての技術的修練の準備を始めることである。具体的には、司法研修所の前期教育の一部を移行することになるが、法科大学院の段階では、かなり限定されたものとならざるを得ないだろう(14)。

第三は、現実の問題を解決するための教育である。これは奥が深い。かつて、平野龍一博士は、任官五年目の判事補の研究会と裁判長クラスの研究会とに参加した経験を振り返り、次のように語った。「〔判事補の〕論理は鋭い。他方、裁判長クラスの（中略）論理には、何ともいえない『コク』があることが多い。判事補の論理は論破できる。しかし、裁判長の論理には、賛成できないにしても論破はできない何ものかがある」[15]。熟練した法律家は、現実の問題に接すると、まず、直観的にその解決がどのあたりにあるかを漠然と把握し、より多くの限定要因が付与されるに伴って次第に着地点を狭めていき、最終的には定量的な判断を示すことになる。この一連の判断プロセスは、具体的事実と全ての分野に及ぶ法規範を基本とし、様々な経験や関連情報によって統御されつつ、行われていく。法科大学院の教育で、このレベルに達することは、もちろん不可能である。目標は、まずは「判事補の鋭い論理」に近づくことである。具体的問題から法規範を眺める機会を与え（問題起点思考）、現実の問題が様々の法規範に関係しうることを理解させ、その中で最も関連性があるのはどれかを考えさせるという試みは可能であろう。

第四は、紛争を予防するための教育である。どのような紛争が予想されるか、それを防ぐ方法は何か、それは適法か、最小限とるべき法的対策は何か、ある法的対策を何らかの理由でとれない場合、次善の法的対策は何かなどを判断し、その判断に基づいて、具体的な対策を正確に作り上げることは、プロジェクトの企画・遂行や契約書作成において必須の能力である。法科大学院では、その最も基礎的な部分の教育がなされるべきことになろう。例えば、ある事例を与えて、可能な複数の法的対策を比較検討させた上、そのうちの一つを具体化させるという程度のことである。

4 「架橋」のしかた

「理論的教育と実務的教育の架橋」を試みる際には、次のような配慮が必要である。

第一に、段階的教育をすべきである。まずは、実定法を正確に理解し、身につけさせることに重点を置く必要がある。問題を発見し解決する能力を養うことは、もちろん重要だが、それはある程度の基礎知識を前提とする。「学びて思わざれば」という批判に急なあまり、「思いて学ばざれば」の危険を忘れてはならないだろう。なお、情報収集・処理の方法は、早い時期に教えるべきだが、これも段階を踏む必要があると思う。次に、どの段階で何を教えるのかは、教育効果を考えて決める必要がある。例えば、法学を初めて学ぶ学生に法曹倫理を講じたとしても、それは抽象的な内容にとどまらざるをえず、「外的視点」からしか理解されえないだろう。これに対し、いよいよ法曹になるという段階で教育すれば、より具体的な問題について「内的視点」から考えることが期待されうる。前者に法曹倫理を教える必要がないという意味ではないが、効果を考えて適正な配分をすべきである。段階的教育は、また、学生に対する刺激にもなるだろう。第一段階を修得し、ある程度の自信がついたところで、第二段階の新たな視野を提示することは、新鮮な刺激を与えるものとなるだろう。それは、異なる思考様式を体験させることでもある。

第二に、多様な教育方法を用いるべきである。少人数教育の利点は多く、これを活用すべきことは当然である。特に、文書作成、口頭報告、意見表明などの教育のためには不可欠である。ソクラティク・メソッドも、若干の工夫は必要ではあるにせよ、有効な方法である。模擬裁判も、後述の注意が必要だが、意味がある。裁判所や企業などの実務に触れる機会を与えることも重要である。他方、伝統的な講義による教育にも利点はある。一定の時間、講義を理解しようとして神経を集中させ、要点を把握してノートをとるという訓練には、重要な意味があり、効果もある。長年の伝統の中で培われ、多くの法学教師の工夫によって改善されてきた講義の技法は、一つの財産である。講義方式に対する批判も少なくない[16]が、その意義も見過ごすべきではない[17]。その長所を活かせるように、改善を試みるべきである。

第三に、個々の科目について獲得目標を明確にするべきである。特に、「実務的教育」については、それを明確にしないと、曖昧な性格なものとなって、非効率なものとなる恐れがある。例えば、模擬裁判をする場合、その獲得目標としては、①裁判に対する興味をもたせる、②裁判の流れを具体的な形で理解させる、③当事者の主張と裁判所の判断という議論の構造を体験させる、④証拠収集や尋問技術の訓練をする、などのことが考えられる。そのうち、法科大学院での獲得目標は何なのかを明確にする必要がある（筆者は、それは②③であろうと思う）。「実務的教育」は、司法修習及びその後のオンザジョブトレイニングに委ねるべき部分との適切な配分を特に意識する必要がある[18]。

三 「研究者教員」と「実務家教員」

1 中間報告の内容

中間報告は、「研究者教員と実務家教員との共同作業等の連携協力」が必要であると述べ、実務家教員の供給源の多様性、任期・勤務形態等の柔軟性を提唱する。また、研究者・実務家を問わず、教員資格の基準として、教育・実務の面を重視すべきだという（b(f)）。それぞれもっともなことだが、若干の検討を要する。

2 「実務家教員」のあり方

前項で述べた「実務的教育」の多様性を考えると、求められる実務家教員には、大別して二つのタイプがあるように思う。

第一は、広い分野にわたる「現行法の専門家[19]」である。特に、ベテランの法曹による、裁判実務を中心とする問題起点思考による教育が考えられる。法科大学院の最終段階の学生に対し、「裁判長の『コク』のある論理」を、かみ砕いて説明することは、大きな刺激となるだろう。また、練達の企業法務家や金融法務家が、長年の経験に基づいて、紛争の予防と解決を教えることも、有意義であろう。

第二は、先端的・現代的な法分野に携わる第一線の弁護士・企業法務家である。こちらは、比較的若い年齢層の実務家であることもある。現実の社会で発生する最先端の問題を分析しそれに関する法的問題の検討を示すことは、その分野を志望する学生はもちろん、その他の学生にとっても極めて有益であろう。

もちろん、この二者以外にもありえようが、「実務家教員」の採用・編成にあたっては、両者の適切な組み合わせが必要である。というのも、「実務家教員」にとっては、「実務」と「教育」のジレンマがあると思うからである。一方で、「実務家教員」も、教育のための努力をする必要がある。実務の能力と教育の能力とは必ずしも一致するわけではない。[20] 実務では、専門家同士が既に修得した概念を用い、一定の手続や慣行に従って、効率的なコミュニケーションをする。例えば、弁護士同士の協議がそうだろう。また、高裁の裁判長は左陪席に対し、一言で、あるいは、一瞬の沈黙によってでさえ、大きな示唆を与えることができるだろう。しかし、学生に対しては、一からわからせる努力・工夫が必要になる。それは暗黙知を言語化するというレベルより、はるか以前の段階の問題である。授業には、かなりの時間を伴う準備とある程度の経験を要する。そのことは、極めて多忙な実務家については、十分には期待できないこともある。他方で、「実務家教員」が教育に専念し、あまりにも長期間、実務を離れると、もはや実務家ではなくなってしまう。実務家は、現に実務をしているからこそ、高度で精緻な判断や企画ができる。実務から離れると、経験は急速に陳腐化する。「元実務家」の語る「実務」は、現実の実務とは微妙にずれ、デフォルメされたものとなることがある。もちろん、実務家の能力の最もデリケートな部分は失われても、その感覚は残るだろうし、実定法の知識の更新は実務を離れても可能だから、相当期間は大きな役割を果たすことは期待できる。また、その間に実務経験を理論化するなどの研究業績をあげることもありえよう。ただ、やはり「実務経験」と「教育経験」とが、ある程度トレイド・オフとなる可能性は否定できない。かくして、「実務家教員」については、法科大学院における役割分担を考えつつ、適切な編成をすることが必要となる。

3 「研究者教員」のあり方

中間報告は、「従来の研究中心の考え方から真の教育重視への転換に向けて相当な自己変革の努力が求められる」という（b(a)）。経済界の一部からのより痛烈な批判[21]に比べると、まだしも穏やかな表現である。このような状況下で、時宜を得ないことかもしれないが、「研究者教員」の養成（中間報告では積極的に触れられていない）について、やはり考えておかねばならないと思う。

わが国の基本法の多くが西欧法を継受していることから、研究者養成においては、英米法に限定されない外国法の研究が必要となることが多い。つまり、二つ以上の外国語の修得を要することが多く、そのためには相当程度の時間を必要とする。この点は、おそらくアメリカの場合と大きく異なる。ところで、研究者を志望する者には、高い能力があっても、必ずしも「実務的教育」に親しみにくい資質の人もいるだろう。他方で、法科大学院に入った法学部以外の学部出身者の中から、優れた研究者が現れることも、大いに期待できる。そこで、上記のような制約の下で、多様な人材の中から、優れた研究者を養成する制度を具体的に検討しておく必要がある。

なお、研究者教員にも教育重視を求めることは当然であるが、そのためには、その意欲を増すような制度的工夫も必要である。教育方法・内容を過度に画一化し、個々の教員の創意工夫を封じるようなことがあると、人により、年代により、多様な資質をもつ研究者教員のもつ能力を十分に生かせなくなる恐れがある。また、実務家教員が実務に基づく教育をするのに対し、研究者教員は研究に基づく教育するのである以上、研究環境の整備は必要である。教育重視と研究重視とは、背反するものではないはずだからである。

4 教員数

中間報告は、法科大学院において「少人数で密度の濃い教育を行うのにふさわしい数の専任教員を必要とする」という（b(f)）。これは当然のことであり、法科大学院を成功させるための不可欠の前提条件と考えるべきであろう。

四 「法学既修者」と「法学未修者」

1 中間報告の内容

中間報告は、標準修業年限を三年間とし、法学既修者には二年間の「短縮型」を認めるという枠組みを提示し、更に、「他学部出身者や社会人等を一定割合以上入学させるなどの措置を講じる」という（b(b)(c)）。以下、「他学部出身者や社会人等」を法学未修者と呼ぶことにする。

私が辱知している、法学部出身でない法曹・法学研究者は、いずれも極めて優秀であり、法律学以外の学問分野の香気も微かに漂う魅力的な存在であって、広く尊敬を集めている。仮に学部時代の領域の道を歩まれたとしても、必ず大成されたであろうと思われる方々ばかりである。そのような人材を広く受け入れることができれば、本当に素晴らしいと思う。ただ、いくつか検討すべき点もある。

2 優秀な法学未修者の確保

まず、どうすれば、優秀な法学未修者を集めることができるかである。法学部を存続させるのにもかかわらず、法曹の供給源を法学部以外にも広く求めるということは、その方が全体としての法曹の質が高くなるという判断に基づく。そこで、法学未修者の適正割合を慎重に検討すべき必要がある。あまりにも少ないと、レベルの低い法学既修者が法曹に占める割合が高くなり、全体の質が低下する（中間報告が、現行司法試験の合格者数を増加させるという最も単純な方法を採らなかったのは、それを懸念してのことだろう）。しかし、あまりにも多いと、現在の、非法学部出身法律家とは異なり、元々の学部で必ずしも優秀でない多数の学生が、法律学に対する積極的関心も法曹になりたいという切実な情熱もないまま、漫然と敗者復活を狙って志願する、という事態も生じかねない。それは、本人にとっても、法科大学院にとっても、不幸なことである。ここは、全体としての法曹の質を最も高めるには、どの程度の法学未修者を受け入れるべきかという観点から、適正割合を考えるべきである。従って、例えば、入学者の五割などという数値を予め設定することは適当ではなく、当面は、ある程度の幅をもたせて、各法科大学院の判断に委ねつつ、適正割合を探っていくのが良いと考える。

3　既修者・未修者の並行教育の問題点

次に、法学既修者と法学未修者の並行教育が大きな問題となる。

法科大学院における法学既修者の教育は、比較的描きやすい。四年間の学部における法学教育を基礎として、実務に結びつく教育を提供することによって、現在の司法試験受験生が投じている膨大な努力を、より有意義な効果をもたらすものとすることが期待されうる。まさに「プロセス」としての法曹養成を構想することが可能である。

これに対し、法学未修者については、三年間で新司法試験に相当数が合格するレベルの能力を身につけさせるためには、非常に集中的な教育をし、かつ、本人が大きな努力をする必要がある。そのような法学未修者と、既に「プロセス」の途中にある既修者とを並行して教育することには、かなりの困難がある。しかも、法学未修者には、自分が法曹に真に適性があるかどうか、法科大学院に入ってからでないとわからないという不安定さがある（法学既修者は、法学教育を受ける過程で、法曹への適性があると自ら判断しているし、客観的評価も既に何度か受けている）。「適性試験」や小論文・面接等をするとしても、完全に判定できるものではなかろう。

解決策としては、次の方法が考えられる。

第一は、法学未修者については、教育内容を思い切って削減する方法である。例えば、現在、学部において民法の講義は合計一六単位ないし二〇単位を配当している大学が多いと思うが、これを全部で八単位程度にしたり、あるいは、民法を細分化し、その一部を選択制にするという方法である。これにより、未修者の負担が軽減されることになる。しかし、この方法は、法学既修であった法曹と法学未修であった法曹との間に格差をきたし適当ではない。それで構わない、競争に委ねれば良いという意見もあろうが、やはり国民に対する最低限の「品質保証」は必要であろう（医師の場合と比較せよ）。そこで、法学既修者についても、同様に、法学部における教育内容を削減するという方法もある。これは、法学部のあり方をどう考えるかの問題にもつながるが、少なくとも、実定法の理解の面での法曹の水準を著しく低下させる恐れがあると思う。法曹にとって問題発見・解決能力が重要であることは言うまでもないが、そのためには、しっかりとした基礎知識に基づくスキルの修得が必要である。

そこで、第二に、既修者・未修者を分離して教育し、それぞれに応じたカリキュラムを組み、修了時に大体同じレベルに揃える（司法研修所で合流する）という方法が考えられる。この方法は理想的なようだが、実現のためには、非常に多数の教員が必要となる。

第三に、法科大学院の一年次は未修者だけから構成されるようにし、基本法を集中的に教育し、二年次からは既修者と合流させる方法が考えられる。これが現実的なようである。更に、これを補充するために、次のような具体的方法を検討すべきである。まず、一年次修了時に、進級試験をすることである。一年次の学習に達成目標を設定するとともに、適性のない者が早い段階で転身することを可能にするためである。なお、進級試験に合格しなかった者でも、一年次の単位を取得し、同試験で一定のレベルに達している者には、法科大学院一年修了という資格を付与することが考えられよう。次に、未修者にも、法科大学院に入学する前に、法学入門など若干の法学基礎科目（四ないし八単位程度）の履修を義務づけることである。多くの大学において、法学部学生以外に対する法学基礎科目が開講され、あるいは、他学部聴講の制度があるだろう。放送大学の「法学入門」などの科目を履修することも考えられる。法学未修者であっても、職業としての法曹を志す以上、法学の基礎に接しておくことは求めても良いのではないか。純然たる「未修」であることにこだわるよりも、本人が法律に対する適性を予め知るためにも、法科大学院入学後の円滑な学習のためにも、この程度のことを求めるのはそれほど無理な要求ではないように思う。もちろん、それは法科大学院の入学試験問題と連結させるものではない。最後に、未修者の一年次教育については、その人数が少ない法科大学院においては、複数の法科大学院の連携による集合教育も検討する余地があるだろう。

五　おわりに

冒頭に述べた通り、以上は、自らの経験と反省に基づく全く主観的な個人的意見である。「理論的教育」もなお重要であること、「実務的教育」の内容と目的とを明確にすべきこと、段階的教育の必要性、教員の適正な編成と十分な人数の必要性、既修者・未修者の並行教育のあり方などを考えてみた。このほか、司法試験・司法修習・継続教育も大きな問題だが、既に紙数が尽き、論じる余裕がない。司法研修所の教育には重要な意義がありこれを存続させるべきであると考えていることを述べるにとどめる。

二点確認しておきたい。第一は、国民にとって有用な法曹を養成することが基本的課題であるということである。そのためには、優れた人材を集めること、及び、基本を確実に修得させることが重要である。数字（司法試験合格者数、他大学出身者の入学割合、法学未修者の入学割合）をまず決めて固定化するのではなく、それは一応の目安として、全体としての法曹の質と量が国民の需要に応えうるものとなるよう努めることが必要である。第二は、既存の大学院が果たしてきた機能をどのように受け継ぐかを真剣に検討する必要があることである。前述の通り、研究者養成がその最も主要な点であるが、更に、外国人留学生の教育についても、配慮すべきである。

（1） 筆者は、一三年間、主に民事の弁護士として働いた後、転職し、以来一一年間、大学で民法を教えている。このように、どちらも中途半端な経験でしかないが、実務と研究のそれぞれの基礎教育を受けたこと、二つの職業をそれぞれフルタイムで行ったこと、両分野で第一級の法律家に接する機会を得たことなどから、いろいろと考えることはあった。
なお、筆者は、現在、勤務先において、スタッフの一員として、いわゆるロー・スクール問題の検討に関与している。しかし、本稿は、その立場とは一切関係のないものであり、本稿で示す意見は、純粋に個人的なものであることを、付言しておきたい。

（2） 我妻栄『物権法』（一九五二）三頁。

(3) 例えば、研究会「民事法における学説と実務」ジュリ七五六号(一九八二)三〇頁・三三頁(野崎幸雄発言)。

(4) 遠藤直哉『ロースクール教育論』(二〇〇〇)一三六頁、小林秀之「法科大学院(ロースクール)教育の日米比較」法時九〇一号(二〇〇一)七一頁・七九頁。

(5) 太田勝造『法律(社会科学の理論とモデル7)』(二〇〇〇)v頁。

(6) 北川善太郎『日本法学の歴史と理論——民法学を中心として』(一九六八)二八三頁以下・三二一頁、星野英一「民法解釈論序説」同『民法論集第一巻』(一九七〇)一頁・一三頁〔初出一九六八〕、同「我妻法学の足跡——『民法講義』など」同『民法論集第四巻』(一九七八)三一頁〔初出一九七四〕、大村敦志『民法総論』(二〇〇一)一三一頁。

(7) 北川善太郎『現代契約法I』(一九七三)、同『民法の理論と体系』(一九八七)。

(8) 太田・前掲注(5)四七頁・v頁参照。

(9) 研究会・前掲注(3)三一頁(馬場英彦発言)・三三頁(武藤春光発言)。

(10) 平井宜雄『法政策学〔第二版〕』(一九九五)一六頁以下。

(11) 特定の「理論」から事象を眺めるのではなく、現実の具体的な問題を起点として、それを解決するために、関連するすべての法規範を検討しようとする思考方法をいう。小林・前掲注(4)七九頁が「事実出発的な(fact oriented)」というのも、共通性がある。

(12) 田中成明『転換期の日本法』(二〇〇〇)三九四頁参照。

(13) 遠藤・前掲注(4)一三二頁、小林・前掲注(4)七九頁は、種々の具体例を挙げる。

(14) 伊藤滋夫『要件事実の基礎』(二〇〇〇)二八六頁参照。

(15) 平野龍一「判例研究の効用」判時九三二号(一九七九)一〇頁。

(16) 小林・前掲注(4)七六頁以下参照。

(17) 米倉明「〔講演〕民法の学び方――ひとつの実践的方法」同『法学・法学教育』(二〇〇〇) 三五頁・四三頁〔初出一九八七〕。
(18) 伊藤・前掲注(14)二八七頁参照。
(19) ジャン・アンベール(三井哲夫=菅野一彦訳)『フランス法制史』(一九七四) 一六七頁(三井執筆「訳者あとがき」)。
(20) 椿寿夫「〝授業法〟の授業とその準備」法時八一五号(一九九四) 一〇二頁。
(21) 経営法友会「司法制度改革審議会中間報告に対する意見」NBL七〇六号(二〇〇一) 七〇頁所収。

(ジュリスト一一九八号〔二〇〇一年四月〕九〇頁)

日本人から見たフランスの「良き法律家」の養成

〔前注〕 本稿は、サビーヌ・マゾー=ルヴヌール教授の講演「良き法律家――フランス人の観念とその要請における大学の役割」(金山直樹訳・ジュリ一二〇三号九七頁)についてのコメントである。その後、フランスの法学教育には大きな変化があったので、本稿の内容は既に過去のものとなっている。ただ、初めてのフランス留学(一九九八年)で得た印象を背景としつつ、日本の司法制度改革の動きのなかで、法学教育のあり方を考えた記録として、前稿とともに収録した。

まず、フランスの法学教育を概観しよう。バカロレア（大学入学資格）を取得すると、任意の大学（正規のものは全て国立）で登録できる。大学での法学教育は三つの課程からなる。第一課程は二年間で、修了者にはDEUGという資格が与えられる。第二課程も二年間で、一年目修了で法学士、二年目修了で法学修士の資格が与えられる。第三課程は、講義やゼミのある一年目と、その後の博士論文指導期間からなる。一年目は、いわば研究者養成コースと専修コースに分かれ、修了時に、前者ではDEA、後者ではDESSという資格が与えられる。ここまででバカロレアから五年になる。教授・研究職志望者は、DEAの後（一部はDESSの後）、引き続き第三課程に在籍して三年程度で博士論文を提出する。これに合格すると、各大学区での試験を受けて講師となった後、又は、直接、分野ごとに隔年で行われる全国レベルの教授資格試験を受ける。教授資格試験の準備講座もパリ第二大学にある。実務法曹志望者は、修士課程又は第三課程に在籍中、大学の設置する法職講座（IEJ）に登録し、一年間の試験準備教育を受ける。その後、裁判官・検察官志望者は国立司法学院（ENM）の入学試験を、弁護士志望者は各地域の弁護士研修センター（CRFPA）への入所試験を受け、合格者はそれぞれの機関で修習を受ける。公証人志望者には、DESSからのルートと法学修士からのルートがある。他に、バカロレア非取得者のためのコースや、グランド・ゼコールである国立行政学院、政治学院における法学教育等もある。

このように、大学における法学教育は、高校卒業レベルから始まって、実務法曹については修習に入るための試験の準備まで、研究者については博士論文はもちろん教授資格試験の準備まで、多段階で行われる。第一課程は、数百人の入る階段教室で教授がする講義と、多数の小クラスに分かれて教授の統轄の下に講師等が担当する演習（ＴＤ）からなる。二年間で約一〇〇〇時間の授業があり、そのうち二〇〇時間が演習である。大部分が必修科目であり、基本科目を教え込む。講義は、九〇分間、ほとんど黒板を使うこともなく、体系的な内容が極めて明瞭な話し方で教授される。演習は、二五人～四〇人程度で、教材を用いて、よりくつろいだ雰囲気で行われる。これは講師にとっての教育訓練の場でもある。上の課程では、学生数も減り、専門分化して、選択科目も増えるが、第三課程一年次でも大教室講義がある。より特化した、あるいは、より詳しい内容が、やはり体系的に講義される。第三課程のゼミは、教授又はその監督下の講師が担当する。学生の報告もあり、ときにはソクラティク・メソッドも用いられる。教授資格試験準備講座では、受験予定者が八時間前に与えられたテーマについて教室で短い講義をし、二人の教授が質問し講評する。その際、講義の構成や話し方についても具体的に指導される。法職講座では、添削や講義を通じて、理論と実務の橋渡し的な指導がなされる。[1]

マゾー＝ルヴヌール教授のお話の背景には、このような教育がある。そこで目指される法律家は、実定法を正確に理解し、自らの見解を明晰に伝達することができ、バランスのとれた総合的見地に立って実定法の価値を評価しその改善を提言できる人である。そのため、知識だけでなく、方法の修得が重視される。論理的な思考、すっきりした分析、本質をつかんだ総合、明晰な表現と構成が求められる。学生は、実定法の存在理由を考えることを通じて、基本原理、普遍的価値に立ち帰るという視点の体得へと導かれる。

入学後の学生の選抜・法曹の分離養成・法学教授の採用方法など制度面における日仏の相違を指摘することは容易である。背景にある、国家の役割の大きさ・試験制度による若年時の選別の厳しさというフランスの特徴について、違和感もありえよう。普遍的価値への到達において法律家が他の者と比べていかなる位置にあるのか、普遍的価値が実際にどんな意味をもつのか、そもそも、普遍的価値は本当に存在するのかという点についても、議論は開かれている。

それにしても、明晰さと構成の重視、中庸の尊重など、改めて喚起されることは多い。さらに、実定法をその存在理由を考えつつ体系的に修得することによって、実定法を超える視点を獲得するということは、やはりあるように思われる。それは法律家の、優位ではないにせよ、固有の視点である。「良き法律家」を生み出すための、「法術」ではない「法学」の教育[2]には、なお参照すべき点があるのではなかろうか。

(1) 人数はどうか。少し古い数字だが、一九九三年新学期の法学登録者は全国で一九万六〇〇〇人余(その五一%が第一課程の学生)、この年、資格を授与された者は、DEUG段階が一万六六六五人、法学士一万五三八三人、法学修士一万三〇八〇人、DESS三八七六人、DEA三九四九人、法学博士八三六人だった(Avenirs, Le droit,

n°s 458-459, p. 5, 1994)。一年次登録者のうちDEUGを取得する者は、二五%程度といわれる（山口俊夫「フランスにおける法曹養成の実情」ジュリ一〇二二号（一九九三）九六頁）。なお、一九九八年度の教授資格試験受験者は一八〇人程度で合格者は三〇人と聞く。各年度の法職講座登録者は約一万五〇〇〇人、ENMの一般学生試験からの合格者は約一五〇人、CRFPA入所者は約二〇〇〇人である（本文の記述も含め、小粥太郎「フランス司法試験事情」司研一〇〇号（一九九八）一三九頁、川神裕「フランスにおける法曹養成制度について」判時一六八〇号（一九九九）四二頁、金山直樹「各国の法曹養成制度　フランス」『法科大学院の基本設計（月刊司法改革臨時増刊）』（二〇〇〇）一三八頁、松川正毅「実践フランス法入門　大学と法曹養成教育」国際商事法務二八巻一一号一四一四頁～二九巻一〇号一二七四頁（二〇〇〇～〇一）参照）。

（2）　富井政章『民法原論第一巻』（合冊、一九二二）一〇頁参照。

（ジュリスト一二〇三号（二〇〇一年六月）一〇一頁）

自己紹介――一橋大学法科大学院で

〔前注〕　二〇〇四年四月に法科大学院制度が発足した。一橋大学法科大学院では、教員と学生が相互に自己紹介をする内部限りのパンフレットを作成した。以下は、そこに記載した自己紹介のうち、「経歴」欄と「学生へのアドバイス」欄の部分である。

〈経歴〉
一九九五年四月から一橋大学に勤務しています。専門は、民法です。もともと継続的な取引に関心をもっていましたが、このごろは、あちこちに手を出し、倒産実体法、非営利法人法、信託法なども覗いています。いずれも、法改正の準備と並行しつつ進めている研究ですが、どこかで当初の関心事と繋がっているように感じています。また、今年はフランス民法典ができて二〇〇周年に当たりますので、それに関する研究もしています。もっとも、この夏は、長年の懸案の体系書執筆に専念する予定です。

〈学生へのアドバイス〉
民法の勉強方法は、「集中しつつ、繰り返しアタックする。」ということでしょうか。法律家としては、「熱い心と冴えた腕」を目指す人が多いかもしれませんが、私は、「温かい心と信頼できる腕」に、より一層の魅力を感じています。

〔一橋大学法科大学院・二〇〇四年度フェイスブック〔非公刊〕〕

●東京大学で●

自己紹介

本年四月に法学政治学研究科・法学部に着任いたしました。民法を担当しています。

大学入試が中止された年の翌一九七〇年に本学に入学し、まだ余熱が冷めきらない駒場で、法律書ではない本を読んだり、議論をしたり、少しだけ弓術をしたりという、青春時代を送りました。本郷に進学すると、先生も学生も難しい顔をしているので、困ったと思いましたが、法律相談所というサークルに入り、多くの友人を得ました。卒業する際、大学に残る予定だったのですが、研究者としてやっていくだけの自信をもてず、悩んだ結果、卒業直前に進路を変更し（指導教授に多大のご迷惑をおかけし）、司法修習に入りました。

修習修了後、弁護士となり、充実した日々を過ごしていましたが、やがて、一つの井戸を深く掘ることもしてみたいと考え始め、大学院に通うことにしました。当時は、社会人向けのコースというものはなく、法学部研究室では、ひっそりとしていました。博士論文を書き上げたら、また弁護士専業となるつもりでしたが、その前後から、大学に戻ってはどうかというお誘いをいただき、また、研究の面白さに心を動かされてしまい、再び道を変更し（関係者に多大のご迷惑をおかけし）、千葉大学に就職しました。

その後、千葉大学で五年間、一橋大学で一三年間、研究と教育に従事し、また、フランスでの在外研究の機会をいただくなど、大学教員としての快適な生活を享受してきました。各大学での同僚や学生・院生との交流も貴重な財産です。一橋大学で定年を迎えるつもりでいましたが、母校からのお招きをいただき、研究生活の締めくくりを本学で行おうと考えて、移籍した次第です。

研究領域は、博士論文のテーマであった継続的売買を出発点として、契約法・債権法を中心に、非営利法人法・倒産実体法・信託法などにも及んでいます。やや広がりすぎていますので、少し絞り込んで、本学にいる間にまとまった仕事をしたいと考えています。

このように紆余曲折のふらふらした人生でしたが、学生たちに対し、私のもっているものを伝え、各人の能力を開花させるよう、力を尽くす所存です。どうぞよろしくご指導、ご支援を賜りますようお願い申し上げます。

〔東大法曹会・会報四号〔二〇〇八年五月〕一五頁〕

シンポジウムに参加して

〔前注〕 研究生活の一部として学会活動がある。本稿は、日本私法学会における活動として、東アジアの諸学会との交流に関わる経験を記したものである。

一 シンポジウムの概要

二〇一一年一二月九日（金）と一〇日（土）、ソウル大学法科大学の近代法学教育百周年記念館において、「東アジアにおける民法典制定・改正と国際化・統一化の課題」をテーマとする国際シンポジウムが開催された。このシンポジウムには、主催した韓国民事法学会のほか、中国から中国法学会民法学研究会、台湾から財団法人民法研究基金会、そして日本から日本私法学会国際学術交流委員会（東アジア民法）が参加した。日本側の報告者は、同委員会の河上正二委員長・松岡久和副委員長・道垣内弘人委員・沖野眞已委員・大村敦志事務局長であった。このほか、東京大学大学院に在籍していた高鉄雄氏と高慶凱氏が通訳として、また、私も後記の経緯により、参加した。

シンポジウムでは「東アジアの社会変動と不法行為法の現代的展開」、「東アジアにおける人格権保護の現状と立法課題」、「東アジアにおける民法改正と不法行為法の立法的課題」の三つの部会が設けられた。前二者は各三セッション、後一者は四セッションから構成され、各セッションに二人の報告者と二人のコメンテーターが配置された。この四人は各学会から一人ずつ出されるので、どのセッションにも四学会のメンバーが参加していることになる（司会は、韓国民事法学会の方々がお務めくださった）。時間の制約があることから、終始、同時並行的に二つのセッションが開催されることになったが、それぞれに、常時三〇名ないし五〇名程度がフロアとして参加していた。九日午前九時三〇分から一〇日午後一時まで、一〇セッションで合計二〇件の報告と討論が行われる、濃密で活気あるシンポジウムだった。報告者と題目は、本書〔後掲〕の末尾に付されたプログラムの通りである。

限られた時間にこれほど多数の報告と討論がなされえたのは、周到な事前準備があったからである。報告原稿は予め他の二つの言語に翻訳され、当日、全報告（原語）を収録した主資料のほかに、翻訳を収録した三つのヴァージョンの副資料（韓国語訳・中国語訳・日本語訳）が配布された。報告は、報告者の母語によって行われたが、通訳はされず、報告者の背後の二つのスクリーンに報告者の母語以外の二つの言語の翻訳文が映写された。参加者は、自らの母語以外の報告については、配布資料又はスクリーンを見ながら聞くことになる。コメンテーターは、担当する報告者の原稿の翻訳文を事前に読む機会が与えられていた。当日は、そのコメント及びそれに対する応答について、通訳スタッフによる通訳がされた。

二　報告と質疑応答の具体例

前記のセッションは各九〇分であり、二人の報告者から各三〇分の報告がされた後、二人のコメンテーターが発言し、それに報告者が応えるという形で討論がされた。討論の三〇分には、通訳（二か国語分）の時間も含まれるから、コメンテーターのコメントとそれに対する報告者の応答で尽きてしまい、フロアも含めた活発な質疑にまでは至らない。しかし、このような時間の制約にもかかわらず、かみあった、かなりレベルの高い質疑応答がされたセッションや、報告者及びコメンテーターの四人（全員が異なる学会に属する）の関心の所在の違いが自ずと現れるセッションもあった。

かみ合った質疑応答の例としては、沖野眞已教授の報告「契約と不法行為――消滅時効」に対し、台湾の詹森林教授と韓国の申有哲教授がされたコメントと、それに対する応答があげられる。日本民法七二四条の特色と趣旨を説明したうえ、日本における立法提案を紹介し、検討を加える報告に対し、各コメンテーターから、生命身体侵害による損害賠償請求権の消滅時効期間や時効の起算点などについて具体的な質問があり、報告者から日本における議論の状況を踏まえた丁寧な説明がされた。

様々な関心が現れた例としては、私自身の経験をご紹介したい。私は、韓国の金載亨教授の「韓国における人格権保護法理の形成とその研究」及び中国の姚輝教授の「言論の自由及び名誉権の保護」についてのコメントを担当した。前者は、人格権に関する立法提案を提示するものであったので、多様な内容を含む人格権保護の規定群を民法典の中にまとめて置くことの意義、及び、死者に対する名誉毀損についてお伺いした。後者は、文芸批評における言論の自由と名誉権の保護の関係を検討するものであったので、中国で文芸批評が特に関心の対象となる事情、及び、名誉毀損の救済手段としての謝罪についてお伺いした。また、もう一人のコメンテーターである台湾の曽品傑教授は、信用も名誉権に入るのかという質問をされた。これらの質問に対し、各報告者からそれぞれの国の法状況を含む補足説明があった。二つの報告は内容もスタイルも異なるし、二人からの質問も多様であって、どこかに収斂していくというわけではないのだが、報告と質疑応答の全体を通じて、人格権についての関心のあり方の多様性やその背景事情が浮かび上がり、私には非常に興味深く感じられた。

三　交流

韓国側からは、韓国民事法学会、ソウル大学及びその他の関係団体により、人的にも、施設の面でも、シンポジウムのための素晴らしい環境を提供していただいたのだが、その細やかで温かい心遣いは、シンポジウム以外の諸企画に際しても、おおいに発揮された。それは、参加者間の人的交流を深めるものとなる。一二月九日の夕食会は、朝から続いたシンポジウムの疲れを癒すものだった。その席で、中国の楊立新教授から、二〇一二年七月又は八月に吉林省延辺朝鮮族自治州において、民法と消費者法にかかわるテーマについて、第二回学術大会を開催したいという意思表明があり、また、第三回については、日本での開催を期待するという多くの声が上がった。こうして、四学会の交流を継続する方向が固まっていった。一二月一〇日午後は、韓国の伝統舞踊の見学の後、和やかな夕食会が開催され、一一日午前は、韓国民事法学会の尹真秀会長をはじめとする諸教授に昌徳宮を案内していただいた。公式行事は、同日の昼食会をもって、すべて終了した。これらの機会に、韓国・中国・台湾の諸教授と旧交をあたため、あるいは、新たな交流が始まることになった。

今日まで続く東アジア民事法学国際シンポジウムの第一回は、このようにして、学術面でも人的交流の面でも、大きな成功をおさめた。

四　組織運営面

日本側がこのプロジェクトに参加することになったのは、二〇一一年初め、韓国民事法学会から私法学会前理事である大村敦志教授に、東アジアの民法学会相互の国際交流についての打診があったのが発端である。その後、同年六月及び一〇月の日本私法学会理事会で具体的に検討され、その結果に基づいて、一〇月の総会において、神田秀樹理事長から「国際学術交流委員会（東アジア民法）」の設置及びその規約について諮られ、承認された。この枠組みの中で、一二月のシンポジウムに参加することが実現したわけである。「外国の学界との連絡及び協力」は、私法学会の規約にも掲げられている事業であるが、私法学会内部にこのような委員会が置かれたのは、次の事情による。すなわち、韓国等の学会が主として民法関係のものであり商法や民事訴訟法を含む日本私法学会とは対応していないこと、想定される交流も民法関係のものであること、費用及び事務局体制について私法学会に負担をかけないという前提であることなどから、私法学会全体としてではなく、委員会として活動することが適切であると考えられた。したがって、前記シンポジウムの参加主体は、あくまでも国際学術交流委員会（東アジア民法）である。もっとも、第一回の集まりでもあることから、四つの学会の交流促進に資すること、また、私法学会における前記委員会の位置付けを他の学会に理解していただけるようにすることを考慮し、前記総会後に神田理事長の後任となった私も同行することになった（私法学会における取扱いについては、私法七四号二九三頁及び七五号二七四頁以下参照）。

実施期間中の運営面では、韓国側の熱意ある準備が非常に印象的だった。シンポジウム及びその他の企画については前述した通りであるが、宿舎（ソウル大学 Hoam Faculty House）も、非常に快適だった。ここまで万全のことをしていただくと、将来、日本で開催することになった場合には、大変だろうとさえ思った。課題としては、三つの言語の翻訳・通訳をどのようにして効率的に行うか、また、これと関連するが、フロアからの発言も含めたその場での質疑応答による議論の深化をどのようにして実現すべきかを、今後とも考える必要があると思った。もちろん、これは第一回シンポジウムにおいて完璧な準備があったからこそ、その先を考えることが可能になったという事柄である。

五　感想

シンポジウムでは、まず、韓国及び台湾の民法学の日本民法学との関係について、考えさせられることが多かった。両学会のメンバーの報告とコメントは、かなりの程度、日本での議論と近似性があるが、重視される事項・要素が異なることがあるなど、微妙な違いがあり、興味深い。これは、それぞれの社会的背景を反映するものでもあろう。また、以前から感じていることではあるが、韓国と台湾においてはドイツ民法学の影響が非常に強い。これは、歴史的経緯を反映するものかもしれない（ドイツ法学が隆盛であった時代の日本民法学の影響から離れるため、本家であるドイツ法を直接、研究しようという発想があったのかどうかについて、考え始めている）。このように、同じ大陸法系であっても、歴史と社会による相違が生じうることを実感すると、日本法を相対的に眺めるようになるのは、ごく自然なことである。他方、中国の研究者の報告については、テーマ選択も構成も、はっきりとした独自性があると思った。比較法の対象も含め、今後とも、更に発展し続ける可能性を強く感じる。ここからもまた、日本民法学界の関心のもち方や議論の構成のあり方を相対化する契機が得られたように思う。

また、日本の研究者がこのような国際シンポジウムに参加することの意味についても、思いをめぐらせた。地理的にも歴史的にも密接な東アジアの国々の研究者と相互理解を深めることが、マクロ的にみて大きな意義をもつことは言うまでもない。参加者の学術的・人的交流が深まることにより、特定のテーマについての共同研究へと発展したり、大学における授業科目の配置に繋がったりすることもあるかもしれない。それは、社会的にも重要な意味をもつことであろう。

ミクロ的にも、また、参加者がたとえば前記のような相対化の契機を得たり、他国の状況から自分の研究のヒントを得たりするという利点があるだろう。他方で、研究者によっては、自己の研究テーマを掘り下げることこそが、今なすべきことであり、東アジアの国々との交流には、将来、少し余裕ができたころに参加すればよい、と考える方々もおられると思う。確かに、この種の企画にあっては、自国における議論の紹介にかなりの比重を置かざるを得ず、詰めた議論がしにくく、効率性が低いという面は否めない。その時間を欧米の新しい論文を読んだり、創造的な思索を深めたりすることに充てる方が有益だという感覚は、よく理解できる。ただ、それでもなお、参加にはメリットがあると思う。特に、それはアウトプットの段階で顕著である。日本法あるいは自らの見解を、近いがゆえに誤解も生じやすい国々の人に対し、正確に伝え、かつ、その内容を納得してもらえるようにするためには、自らの正当化根拠を磨き抜く必要がある。そのことは、自己の研究の進展に資することになるのではないだろうか。

第一回シンポジウムから四年半を経た現在、当時のことを思い出しながら書いてみた。このプロジェクトが今日まで継続し、発展していることについて、また、このような形で研究成果が公表されることについて、関係者のご尽力に対し、改めて深い敬意と感謝の意を表したい。

（民法研究第二集第一号〔東アジア編1〕〔二〇一六年八月〕一頁）

松澤さんと研究会

〔前注〕 研究活動において、編集者との交流は、とても大切なものである。中心となるのは、著書や論文の公刊の折だが、それ以外のさまざまの場面でお力添えをいただくこともある。多くの編集者のご厚誼をいただいているが、本稿は、そのうち最も古くからお付き合いくださっている松澤三男氏の古稀をお祝いするものである。

松澤さんから頂いた古い名刺がある。そこにメモした日付によると、初めてお目にかかったのは、一九八一年四月一五日のことのようである。松澤さんがＮＢＬの新編集長になられた直後で、おそらく新しい名刺が間に合わなかったのだろう、その名刺にはまだ肩書が記載されていない。松澤さんは三四歳。私は二九歳で、当時、弁護士をしていて、それまでにＮＢＬに拙稿をいくつか掲載していただいていたことから、ご挨拶の機会があったのだろうと思う。その後も、時おり、思い出されたようにお電話があり、何か書いてみませんか、といったお話を頂戴していた。しかし、二年後、私が大学院に通うようになってからは、依頼は来なくなった。後年に伺ったところでは、指導教授の星野英一先生から松澤さんに、私が大学院に在籍している間は、中途半端なものは書かせないように、というご要望があったようである。

その代わりに、研究会でのお付き合いが始まった。博士課程に進学した後、一九八六年三月から、星野先生の主宰される「約款法研究会」に途中参加させていただくことになった。毎月一回の研究会は、その後、「現代契約法研究会」と名を変え、九五年一二月まで続いた（九七年に再開されたが、それほど長くは続かなかったようである）。研究会には、毎回、松澤さんが穏やかなたたずまいで同席された。静かに、にこにこと事務方をお務めくださっているのだが、実に鋭い観察をしていられることは、すぐにわかった。しかし、それは、被観察者に緊張をではなく、信頼感と安心感を与えるものだった。

一九九〇年に私が大学教師に転職した後、松澤さんにお世話になる機会はますます増えた。いくつもの研究会があった。テーマは、たとえば、「サービス取引」（一九九三〜九五年）、「継続的取引の日米比較」（一九九三〜九六年）、「倒産法と実体法」（一九九九〜二〇〇〇年）。それぞれの研究会での松澤さんの姿が目に浮かぶ。サービス取引研究会は、土曜日の昼過ぎから八丁堀の東京建物東八重洲ビルで開かれた。出勤している人も少ない、がらんとした編集室で、毎回、松澤さんがメンバー三人をお迎えくださった。近くのうなぎ屋さんでお昼をご馳走になった後、研究会が終わるまで待っていてくださる。土曜日の午後なんて、ご家族やご友人と過ごされたいだろうに、こんな小さな研究会にお付き合いいただき申し訳ないという気持ちになるとともに、嫌な顔ひとつなさらないことに不思議な感じさえした。継続的取引の研究会では、さまざまな企業をご紹介いただき、ヒアリングにもご一緒してくださった。あるヒアリングの帰途、実務の話を聞いて高揚したメンバーが東京駅から商事法務研究会まで歩こうと言い出した。お忙しい松澤さんにとってはご迷惑であったはずだが、元気に八重洲通りを歩き始められたことを懐かしく思い出す。倒産法と実体法に関する研究会は、私法学会のシンポジウムのために編成されたのだが、打合せの場で、シンポジウムの表題がなかなか決まらなかった。そのとき、議論を静かに聞いておられた松澤さんが「倒産手続と民事実体法」ではいかがですか、と発言された。全員がなるほどと思い、それが表題となった。松澤さんが発言されることはごく稀だったが、それは和やかで的確であり、研究会を後押ししてくれるものとなっていた。

それからも数多くの研究会が商事法務研究会で開かれた。シンポジウムのための研究会、立法を見据えた準備的検討のための研究会などである。大きいものでは、「民法（債権法）改正検討委員会」（二〇〇六〜〇九年）もあった。この頃には、松澤さんは、組織改編後の株式会社商事法務や社団法人商事法務研究会の担い手となられ、直接のご担当は次の世代の方々となっていたが、時おり研究会場にお顔をお見せくださることがあった。松澤さんの笑顔に接すると、何となく温かい雰囲気が会場に漂うように感じられた。

商事法務研究会での研究会に初めて参加させていただいてから、三〇年になる。その中には、研究者たちがただもう楽しくのびのびと、萌芽的な考え方も含めて議論するものもあれば、学会シンポジウムのように特定の目的のものもあり、具体的な立法に関連するものもある。それらの研究会では、いつも、快適で、楽しく、真剣な時間を過ごすことができた。もしかしたら、研究会の外では、さまざまな動きがあったのかもしれない。出版事業という面では、研究会の成果を原稿の形にすることが期待されることもあるのだろう。しかし、私は、松澤さんから、ただの一度たりとも、研究会の議論の仕方について注文を受けたり、特定の方向へと誘導されたり、原稿を出せと急かされたりしたことはない。研究会で質の高い報告と議論がされることだけを期待してくださっていると感じていた。この信頼感は、かけがえがないものである。そして、その姿勢は松澤さんの後輩の方々にもしっかりと引き継がれている。

松澤さんは、静かに、穏やかに、明るく、研究会という知の舞台を育てられたのである。

（新堂幸司編集代表『日本法の舞台裏』〔二〇一六年一〇月、商事法務〕四三九頁）

退職に当たって

二〇一七年三月末をもって退職しました。二〇〇八年四月から九年間という限られた期間でしたが、とても充実した毎日でした。この間、教職員の方々には大変お世話になりました。また、多くの優秀な学生の皆さんとの交流は、本当に楽しいものでした。心から感謝しています。

個人的なことを先に書きますと、この期間に、法学部と法学政治学研究科で、「民法」という語が含まれた授業科目をすべて担当できたことが、秘かな喜びでした。他方、『契約法』という書籍を出版できなかったことが心残りでしたが、退職の九日前に脱稿し、これでやっと卒業できると思いました。

さて、現在、法学部も法科大学院も、それぞれ大きな変化の中にあります。法学部については、在職期間中、本学法学部の教育のあり方を検討する作業に参加する機会を得、真剣に考えることになりました。法科大学院については、司法試験制度の動きを背景にしつつ、毎年、微妙に異なる教室の空気を実感しました。もっとも、これらは教員の側からの所感です。学生にとっては、その時に受ける教育のみが固有の体験となるわけですから、変化しつつあるといわれても、差し当っては目の前のことに懸命に取り組むほかありません。ここで本学の強みは、教員が将来の方向性について巨視的な洞察をしつつ、現在の教育において各自がその内容の充実と方法の改良に絶え間なく努めていることだと感じました。そして、学生が教員の努力に鋭敏に応え、優れた成果を示してくれることが、強味のもうひとつの面です。

おそらく、このような教員と学生との高いレベルの知的共鳴が本学部・大学院で受け継がれてきた財産だと思います。それを体験した学生は、卒業後、今度は、みずから大きな変化について考え、本学で学んだことを基礎に、何が正しいのか、何が良いのかを考え抜いて、重要な判断をすることになるのでしょう。

本学部・大学院の益々の発展をお祈りしています。

（東京大学法学部 NEWS LETTER 二〇号〔二〇一七年七月〕四頁）

新任教員紹介「ひとこと」――早稲田大学法科大学院で

これまでの教育の経験を活かして、学生の皆さんが実務に就いた後、通常の仕事を確実に遂行できるだけでなく、新たな未知の問題に取り組むこともできる能力を育てたいと思っています。また、恵まれた環境のもとで、あと一歩、研究を進めたいと考えています。

（稲門法曹会・梓二四号〔二〇一七年八月〕二頁）

架空出版記念会――『契約法』を刊行して

著書を刊行したばかりの研究者がその心情を記した文章が好きだ。「書斎の窓」にも時どき掲載される。執筆中の苦労を思い起こしつつ、ようやく解放されてほっとした気持ちと、しかし、どういうわけか手放しでは喜べないという感情が表明され、それでも、やはり一つのことを仕上げたのだという雰囲気が伝わってくる。現在では、私自身が執筆者の仲間入りをしているので、そのような文章に接して、共感したり、励まされたりするという読み方になっているが、学生時代は、仕事をし終えた謹厳な著者の少しくつろいだ様子を垣間みて、いいなあと思うばかりだった。

その白眉が来栖三郎先生の『契約法』(一九七四年)の「しおり」に記された文章である(法律学全集のDVD版にも収録されている)。いつまでも出ない「幻の本」といわれていたが、この秋に出るらしい、しかし、わきおこるような喜びを感じないと述べ、その理由を書き続ける。自著の意義についての疑念を表明した後、年齢をあげる。執筆を始めた頃は、疲れると歯が痛み、それがなければどんなに仕事がはかどるだろうと思ったのに、いまではもう歯も痛まなくなった、自分にはもはや強く感じる能力がなくなった、書き終えたのが一〇年前なら嬉しくて嬉しくて仕方がなかったであろうに、という。しかし、それでも一つだけ心を楽しくさせることがある、それは秋に自ら開く出版記念会だといい、こう締めくくる。「それは私の生涯において、おそらく、最初の、そしてまた最後の、にぎやかな場となるかも知れないのである。その秋の出版記念会のことを思うと、私も何となく待ち遠しい気持になるのである」。学生であった私は、来栖先生の飄々としたお姿を思い浮かべながら、学究としての清廉さと、謙虚さと、かすかな哀しみとユーモアに打たれた。その出版記念会を想像し、自分まで幸せになるように感じた。

この名著の後、拙著のことを語るのは、愚挙である。シラスがクジラに向かって、同じ海の生き物ですね、というようなものだ。ただ、私にも本書を書き上げて、嬉しいことがあった。それは、これまでにご縁のあった沢山の方々から、本書を読んでいるとのお知らせをいただいたことである。また、かつて私のゼミに参加され、現在、書物に関わる仕事をされている二人の方が、それぞれのお立場で本書の販売にお力添えをくださったと伺ったこともある。執筆過程に遡ると、本書の「はしがき」に記載したように、多くの方からご教示、励まし、ご助力をいただく幸せもあった。そこで、これらのすべての方々にお礼を申し上げるための出版記念会を、頭の中で開催した。以下は、そこでの私の挨拶である。

＊　　＊　　＊

本日は、私の『契約法』の出版記念会にお越しくださり、ありがとうございます。

本書を手にされた方からいただく最も多いお言葉は、「二〇年もかかったんですね」というものです。そうなんです。お恥ずかしい限りです。この席を借りて、その間、何をしていたのかの弁明をさせてください。

きっかけは一九九七年二月のことでした。そちらにいらっしゃいますCさんから、契約法の体系書を書かないかというお話をいただきました。Cさんは『継続的売買の解消』という私の本を担当してくださった方ですし、私も書いてみたいという気持ちがあり、割合、気楽にお引き受けしたのです。ただ、翌年、在外研究に出たことから、実際に着手したのは、九九年の夏でした。まず、それまでに出ていた契約法に関する体系書・教科書の構成を検討することから始めました。二〇世紀の初めから終わりまでの二〇ほどの作品の項目と割当頁数を整理し、それぞれの著者の工夫を追体験しました。そのうえで、同年八月末に、最初のプランを作成しました。「第一部　契約総論」、「第二部　契約各論」、「第三部　現代における契約」という構成で、細かい項目まで書き込んだ、A4判で八枚のものです。この作業をしながら、本書では、契約法の現代的課題と様々の契約法理論を平明に示したいと思い始めました。そのため、最も苦心したのが第一部です。「伝統的契約観と現実の契約関係との『ずれ』」、「契約の成立を巡る現実的問題」などの項目のもとに、様々な問題を盛り込もうとしています。他方、第二部は、典型契約を民法典の配列順に記述することにしました。第一部で自分なりの構成を示すとすれば、第二部の方はシンプルにした方が全体としては理解しやすくなるだろうという判断です。第三部は、「現代的な契約の例」と「契約法の課題」という内容でした。

このプランには、各部の予定数量も記載されています。合計二二〇〇枚です。「枚」とは、二〇〇字のことですね。余白には、「一五枚／日」という私の書き込みがあります。一日一五枚書けば、五か月足らずで、つまり二〇〇〇年早々には、完成するということです。

甘い目算でした。現実には、二〇〇二年春になって、やっと第一部の「第一章　契約の意義」と「第二章　契約の成立」の初稿ができました。そこでまた停滞し、二〇〇七年に仕切り直しをし、二〇一二年から一三年にかけて第一章と第二章を改稿しました。その後もプランを改訂しながら書き進め、二〇一七年三月に脱稿したというわけです。最終的には二部構成になりました。

これほど時間がかかったのは、私の能力のなさと怠慢が第一の理由であることは、いうまでもありません。もっとも、主観的には、大きな流れの中でもがいていた、という思いもあります。

分かりやすいことから申し上げますと、二〇〇〇年代に入って、契約法に関する新しい体系書・教科書が次々に出たことがあります。十指に余る著作が刊行されました。優れた新作に接する都度、自分自身が執筆することの意義に疑問を感じることになりました。なかでも、平井宜雄先生の『債権各論Ⅰ上 契約総論』(二〇〇八年)には、打ちのめされる思いをしました。以前に平井先生が契約法の講義をする際の精神的負担感を語られたとき(「契約法と契約法の講義」時の法令一四〇八号四頁)、あまりピンとこなかったのですが、執筆に取り組んでみて、その意味を少しずつ実感するようになりました。平井先生のこの作品は、深い研究を基礎とされつつ、苦しみ抜かれた末に到達されたところを、病身を押して著された迫力のあるものです。これを前にして、再度、自分を奮い立たせるには、少し時間がかかりました。

もう一つ、分かりやすいこととして、民法改正の動きがあります。私自身は、二〇〇一年二月に「民法改正委員会」という研究者グループの研究会に参加したことから始まり、二〇一五年二月に法制審議会民法(債権関係)部会が民法改正要綱案を決定するまで、様々な場で、改正に関する多くの議論に接しました。それらは自分の考えの不十分さを認識させる効果をもつものでした。

もっとも、ここで申し上げたい「大きな流れ」は、もう少し抽象的なレベルのものです。私は、一九八〇年代から九〇年代前半の間、星野英一先生の主宰される「現代契約法研究会」に入れていただきました。当初は、「約款法研究会」という名称でしたが、途中で、より一般化し、契約の成立、契約の内容、思想的背景を研究するようになりました（NBL四六九号六頁以下・私法五四号三頁以下参照）。かつて星野先生の論文「現代における契約」（一九六六年。『民法論集第三巻』所収）に感動した私にとって、知的刺激に満ちた夢のように楽しい研究会でした。しかし、振り返ると、これは民法研究者にとって、牧歌的に幸せな時期であったような気もします。その後、契約法学は、二つの種類の困難に直面するようになりました。

一つは、契約法の多元化です。様々の分野での契約法が発達していきます。商取引法、消費者法、労働法、倒産法などです。それぞれの領域の研究者が契約法全体にインパクトを与える仕事をするようになります。なかでも、江頭憲治郎先生の『商取引法』（上巻一九九〇年、下巻一九九二年）は、衝撃的なものでした。また、立法においても、諸官庁がその所管する領域で独自に、あるいは、法務省との共管により、特定の種類の契約に関する法律を作るようになります。「特定」と銘打たれていても、適用範囲は次第に広がります。現実の取引においては、この特別法こそが重要です。これらの領域の研究や立法の担い手は、消費者法は別として、民法研究者以外の方が中心です。ある「民法の理論」を措定したうえ、それにこだわることのない、現実に適合した規律、各領域の規範に適合した規律こそが重要なのだという人が多くなってきます。この状況のもとで、民法研究者として、どのような契約法を提示することができるのかが問われるように思いました。

もう一つは、契約法と債権総論との統合です。債権総論は、債権の発生原因を問わない規律であるといわれてきましたが、近年、発生原因を考慮すべきであるという見解が有力になっています。特に契約による債権について、それが強調され、合意を基礎とする債権法の再編成の試みがあります。債権法の契約債権法化ということですが、これは契約法の債権法体系への組み入れということでもあります。その結果、債権法の観点からの契約法の体系化という力が働くように感じられ、契約法学の独自の意味がどこにあるのかを自問するようになりました。

このような大きな流れの中で、もがきながらしたことは、契約の内容だけでなく、その構造や仕組みを考えること、また、一つの思想のもとでの体系化に対し、理解しつつも懐疑を保ち続けることだったように思います。

そして、私の本当にしたいことは、私が感じ続けてきた契約法のおもしろさを読者に伝えることではないかと思うようになりました。

＊　＊　＊

私の挨拶は、まだまだ続く。年をとると話が長くなるのである。考えてみると、来栖先生があの文章を書かれた年齢を、既に私は超えてしまっている。なんということだろう。残された時間がわずかであることを自覚しつつ、今しばらく契約法の研究を続けていきたいと思う。

（書斎の窓六五六号〔二〇一八年三月〕三二頁）

昔は正論だった。

二〇年近く前、数人の研究者や裁判官とご一緒に、本の編集をしたことがある。楽しい編集会議が何度もあったが、あるとき、裁判官の方から、別の裁判官の発言として、教えていただいた言葉がある。かつての正論を強く説く人に対し、「今はスリランカなんですよ。」と柔らかく応えるという話である。たいてい、相手は笑い出すという。堅いイメージの裁判官がこんなにも洒落た言い方をなさるのかと嬉しくなり、記憶に残った。

最近、ふと、この言葉を思い出し、頼まれてもいないのに雑誌の企画を思いついた。判例変更がされる前の判例の多数意見、あるいは、変更した判例における少数意見を振り返るというものである。家族法なら、有責配偶者の離婚請求、嫡出でない子の法定相続分、慰謝料請求権の相続性、財産法なら、差押えと相殺、抵当権に基づく妨害排除請求、民法以外だと、尊属殺の重罰など。敗れることになる意見を表明する裁判官たちは、時代の変化を感じながらも、法の安定性、立法理由、法理論、司法の謙抑を説き、あるいは人倫にまで言及して、正論のために踏ん張ろうとする。ときとして、その意見は大上段になる。

民法以外を専攻される研究者たちと飲みながら、このアイディアを披露したが、ふーん、という反応で、なんとなく過ぎてしまい、そのままとなってしまった。

社会の状況や人々の意識が変化しつつあるなかで、どのような規律をもうけるべきか。立法だと、時間の要素を取り入れることができる。時代の変化に即した現時点の規律を示すとともに、条文で、「当分の間」と規定することや、附則で、施行期日、経過措置、将来の法制上の措置の義務、有効期限を定めることなど、既往への影響を制御し、あるいは、将来の判断に送るための、いろいろな方法がある。

裁判でも、時の流れを意識しながらも、穏やかな対応をすることがある。従来の判例法理を維持したうえ、その射程外であるとしたり、新たな命題を提示しつつ「特段の事情のない限り」という留保を付したり、そもそも事例判断にとどめたりするなどである。しかし、それができないこともある。今、ここで、決着をつけなければならない。その際の議論は、少し力こぶの入ったものになるかもしれない。

後世の人間が、敗退した意見は時代遅れのものだったと憫笑することには、少し「上から目線」の気配を感じる。流れのただなかでされた、やや大掛かりな議論から、なお得られるものがありそうに思う。変化こそが重要であるといわれ、まして「コロナ後」が語られる今、これまでの正論を過去のものとして捨て去ることは容易になっている。良いことなのだろう。ただ、正論を乗り越えるための労苦は、一つの財産である。正論について現場で何か違和感があれば、それを表明すること、表明された違和感を他の人々も鋭敏に受け止めること、そのうえで根源に遡って再考察をすること、そして議論すること、という過程は面倒である。しかし、この過程は、今後も生じる新たな問題について、より良い判断がされるための基盤となるのではないか。

〔後注〕 表題句の創案者は、森宏司判事（現、関西大学法科大学院教授）であり、私に教えてくださったのは、加藤新太郎判事（現、中央大学法科大学院フェロー）である。加藤判事には、公表記録（森宏司「コメント」民訴雑誌四九号〔二〇〇三〕一三九頁）のご教示もいただいた。記して感謝申し上げる。

（ケース研究三三九号〔二〇二〇年一〇月〕一頁）

論文のプラン

「コロナと民法」なら、いくつもトピックがある。「賃借したアパートに入居できない学生」「結婚式場のキャンセル料」「在宅勤務と家族関係」など。まずは実務的対応が語られ、研究者の考察も加えられ、やがては大きな視野からの研究も生まれるかもしれない。ただ、もう少し気楽なこともしたい。そこで、論文「コロナと法学」のプランを考えた。第一部は「本質」で、第二部は「変化」である。

第一部第一章は「制度の本質」。まず、コロナのためにできなくなったことの代替策を挙げよう（第一節）。教室での双方向授業に代わるオンライン授業、教授会や審議会のリモート会議、押印ではなく電子署名。代替策は、制度の本質の考察を促す（第二節）。双方向授業は何のためにあるのか、国会と株主総会と理事会でオンライン開催の可否・条件が違うとするとそれはなぜか、押印が支えようとするものは何か。

第二章は「社会の本質」。前半は、歴史（第一節）。過去の疫病を振り返り、その時代の人々の行動から、当時の社会の特質を探る。後半は、地域（第二節）。各国・地域のリーダーの行動から、それを支える社会構造の本質を考える。

第二部第一章は「変化の現れ」。失われて気づいた価値（第一節）として、余白の交流（授業後のやりとり、会議の合間の雑談）、空間の共有（熱気、さざめき、厳粛）。浮上してきた観点（第二節）として、場の拘束度（テレワークの可能性と限界、「三密」への拘束と誘引）、時の拘束度（盆や正月の帰省、毎年実施すべき国家試験、任期満了に伴う選挙）。

第二章は「変化の流れ」。まず、変化の態様（第一節）。コロナは変化を起動したのか、加速させたのか、変化させたい人に好機を与えたのか。取り上げるのは、ナショナリズム、格差の拡大、デジタル化、秋入学。そして、消える変化と残る変化（第二節）。残る変化は、意識の変化、価値の変化、そして本質の変化となる。

結論。本質も変化する。コロナはそれを可視化した。ここに新たな法学の予兆がある。

もちろん、こんな論文ができるはずはない。各節の実質が異なるし、法学との関係も不明瞭だ。膨大な労力を要する節もある。有意な結論が出てくる見通しも立たない。この鬱陶しい日々、せめて鳥瞰することで、気持ちを晴らしてみたいと思っただけである。


〔論究ジュリスト三五号〔二〇二〇年一一月〕一頁〕

お礼のことば

〔前注〕これは、私の古稀記念論文集である、岡本裕樹＝沖野眞已＝鳥山泰志＝山野目章夫編『民法学の継承と展開』（二〇二一年、有斐閣）をお贈りいただいた会の最後に、私から申し上げたお礼の言葉である。文中に出てくる写真と絵は、当日は、画面上でご覧いただいた。この会は、有斐閣会議室にお集まりくださった数名の方々と、オンラインでご参加くださった多くの方々から、構成された。改めて深く感謝申し上げます。

このたびは、私の古稀にあたって、立派な論文集をお作りいただき、また、このようなお祝いの場を設けてくださいまして、本当にありがとうございます。ご執筆くださいました皆さま、編者をお引き受けくださった皆さま、困難な出版状況のもとでご出版くださった有斐閣の江草社長、藤本取締役、たいへんな編集作業をしてくださった島袋様、そして、本日の会の企画と実行をしてくださった皆さまに、心からのお礼を申し上げます。また、本日は、過分のお言葉をいただきました。もったいないと思うとともに、本当に感謝しています。

八月の終わりに七〇歳になって最初に感じたことは、自分はもう六〇歳台ではないということでした。新聞などでコロナの新規感染者数を見ることがありますが、その際、つい六〇歳台の欄に目がいきます。すぐに、いやここではないと気づき、その都度がっくりします。住んでいる町の駅のあたりを歩いていると、献血の呼びかけがあります。大きな声で「六九歳までの方は献血できます」と言っています。もう献血もできないと言われていると感じます。このように暗い気持ちでいるところですので、本日は、より一層嬉しく感じた次第です。

もっとも、自分にはこのような論文集を献呈していただく資格があるのかということは、私自身、強く疑っています。記念論文集というのは、普通は、偉い先生の還暦や古稀を寿ぐものだと思います。しかし、私がそういう人でないことは明らかです。しかも、私は、回り道をしていますので、ご執筆者の中には私よりも研究歴が長い方もたくさんいらっしゃいます。また、かつて指導教員としての立場でお付き合いの始まった方も、一人立ちされた後は、やはり研究者仲間という感じでいます。ですので、今回の論文集は、偉い先生に捧げるというのではなく、研究者仲間が仲間の一人のために作ってくださったのだと理解しています。このような事情ですから、今回、多くの方々のお骨折りがあったことと拝察しています。それだけに、なお一層ありがたいことだと感謝しています。

この気持ちは、もちろん、本心からのものです。ただ、よく考えてみますと、実は少しよこしまな心も混じっています。つまり、仲間だと強調することで、自分もその一員であって、まだ若いのだと思いたいという気持ちです。しかし、そのような邪心は拭い去る必要があります。そこで、本日、この場をお借りしまして、自分が七〇歳であることを正面から認める、そして、将来を見通すようにしようと思います。そのために、二つの資料を用意しました。

一つ目は写真です。自分が七〇歳であることは認めよう、しかし、それゆえに得た財産もあるじゃないかということを思い出し、気持ちを奮い立たせようという試みです。具体的には、我妻栄先生とお目にかかったことがあるという話です。少し前、何人かの方とネットで雑談をしていた際、私が我妻先生にお会いしたことがあると申しましたところ、不思議がられました。そこで、証拠写真をお持ちしました。これは、法律相談所というサークルの創立二五周年記念の会の写真で、昭和四七年一一月一八日の日付が入っています。最前列中央に我妻先生がいらっしゃいます。その左に所長でいらした星野英一先生、その左に三ケ月章先生、我妻先生の右に行政法の雄川一郎先生がお座りです。他方、最後列中央に大学三年生であった私が写っています。右斜め前には、当時助手だった高橋宏志先生がいます。我妻先生は、この時、七五歳でいらっしゃり、翌年一〇月二一日に逝去されていますので、最晩年のお写真になります。これが証拠写真です。実は、私は、さらにその半年か一年前にも、緑会という学生団体の企画の際、我妻先生にお目にかかっています。そのときは、椅子に座っていらした先生のお席まで行き、ずうずうしくも質問しました。自分は民法の勉強を始めたばかりですが、どのようにして勉強したらよいでしょうかという、恥ずかしい質問です。我妻先生は、指先を小さな競技場のトラックを描くようにくるくる回され、何度も何度も勉強することです、と優しくお答え下さいました。これが七〇歳であるがゆえに獲得できた財産です。ただ、これは過去の話です。

そこで、次に、将来の話をします。次の絵をご覧ください。これは「年齢の階段」という絵です。一六三〇年代の銅版画で、イギリス製ですが、ヨーロッパ大陸の先行作品に基づくものだそうです。左下から上り階段が始まり、中央で頂点となり、下り階段に転じて右下に至ります。各段に各年代を表す動物が描かれています。一歳から九歳までは仔羊、一〇歳台は仔ヤギ、二〇歳台は子牛です。三〇歳台は牛、四〇歳台は獅子で、五〇歳台が人生の頂点を表しています。この絵は、ある雑誌（『図書』〔岩波書店〕）の表紙に掲載されたものですが、それはその雑誌の二〇〇一年七月号でした。当時、私は四九歳であり、一か月後に五〇歳になるということで、やはり落ち込んでいました。しかし、この絵を見て、五〇歳台が頂点だと知って嬉しくなり、当時勤務していた一橋の研究室にコピーを貼りました。学生にも見せて説明したのですが、学生から、先生が六〇歳になると剝がすんでしょうねと言われたりしました。さて、その五〇歳台を象徴する動物は狐です。面白いですね。六〇歳台は狼です。そして七〇歳台は犬、八〇歳台は猫、九〇歳台はロバ、一〇〇歳は鵞鳥というわけです。したがいまして、私の将来は明るい。犬の時代を経て猫、ロバ、鵞鳥の時代があるというわけです。

しかし、これはちょっと強がりです。やはりあまり明るくないなあ、あと三〇年経つと鵞鳥かと思います。そうして、再びうつむいてしまうのですが、それだからこそ、今回の論文集と本日の集まりは、これから先の私に希望を与えてくれると思います。

では、私が皆さまに対しどのようなお返しができるのでしょうか。これは何もできません。ただ一つだけ私がお示しできることは、私は民法を好きだったし、今も大好きだということです。民法の方で私を好きかどうかは分かりませんが、私は好きです。そこで、これからも、細々と民法の勉強を続けたいと思っています。このようにして、鵞鳥になっても民法を大好きでいられるということをお示しすることによって、牛とか獅子とかの若い世代の皆さまに、将来も楽しいことがまだまだ続くのだという一例をお見せできたらいいなと思います。それが、私のできる唯一のお礼だと思っています。

本日は、本当にありがとうございました。

（謝辞〔二〇二一年九月一八日、有斐閣会議室で〕）

Ⅲ　研究室からの発信——書評など

〔書評〕

W. DAVID SLAWSON, BINDING PROMISES: THE LATE 20TH-CENTURY REFORMATION OF CONTRACT LAW, Princeton University Press, 1996, pp. xii + 206

一　テーマと構成

契約法の主要な目的は、ある種の約束を拘束力あるものとすることにある。しかし、製造者は、優越的な交渉力を用いて、この目的を打ち砕くことが可能であった。製造者は、消費者との間で、自分のした約束を含んでいない契約を結んだり、契約に違反しても免責されるようにすることができた。これに対し、アメリカでは一九六〇年頃から契約法の改革が進行したが、なお課題は残されている。約束を再び拘束力あるものとするためには、何が必要か——本書は、このテーマを具体的に論じたものである。多面的な検討の後、いくつかの思い切った提言がなされる。その基本にあるのは、改革の担い手としての裁判官の役割の重視である。本書が「アメリカのコモン・ロー裁判官に」という献辞で始まり、同一の言葉で結ばれるのも、それを物語っている。著者は、一九三一年生まれのサザン・キャリフォーニア大学法学教授であり、標準書式契約を中心とする研究で知られている。(1)

本書は序論と本論七章から成る。本論は四つに分けることができる。第一は、「古典的契約法」「製品への依存と不均衡な交渉力」という最初の二章であり、古典的契約法が社会経済の発展とともに消費者に不利な契約をもたらすに至った経緯を述べる。第二は、「合理的な期待」「関係的不法行為」「不誠実な違反と救済改革」という次の三章であり、これに対する改革として、消費者を保護し、製造者に公共的責任を課する新しい動きを説明する。第三は、「UCC第二編」という章であり、UCC第二編を総じて改革に対する障害と見る立場から批判的に検討する。最後は、「選択と禁止」という最終章であり、諸改革の相互関係や改革と既存の法制度との関係を考察し、あるべき姿を論じる。以下、この四つの内容を順次紹介する。

二　内容

1　古典的契約法のもたらした問題

古典的契約法は、アメリカの裁判所において二〇世紀初頭までに完成した。その特徴は、ほぼ制約のない契約自由とほぼ制約のない契約締結力（contracting power）の承認、及び、不法行為との峻別、である。このうち、契約自由には、かつて「一般公共のための職業の義務」として取引条件が法定されていたことに対する、規制「からの自由」と、当事者が選んだものが何であれそのような契約をすること「への自由」という両面がある。経済競争の理論とリベラリズムの政治哲学に加え、一九世紀の意思哲学がこれに貢献し、契約とは「意思の合致」であるといわれるに至った。契約自由は、一八九〇年から一九二〇年にかけて絶頂期を迎える（Lochner v. New York, 198 U.S. 45（1905）が代表例）が、その後一九三〇年代の大不況期に規制立法を支持する判決によって制限された。もっとも、その制限は規制「からの自由」についてであり、契約「への自由」は近年まで堅持されてきた。契約自由を支えた意思理論は二〇世紀初頭に客観理論にとって代わられたが、これにより当事者の意味のある同意がなくとも、契約をなしうることにもなり、契約自由はむしろより強化された。

しかし、古典的契約法の問題性が次第に明らかになり、裁判所による改革が始まる。改革の動機となった主要因は二つある。

第一の要因は、現代社会における製品への依存の増大である。これは、専門分業化の進行と製品のもつ潜在的危険性の増加によってもたらされる。それは、製造者と消費者との間では、交渉力の不均衡の問題に吸収されるが、第三者との関係では公共的目的のための法の必要性を生じさせる。

第二の要因は、製造者と消費者との間の交渉力の不均衡である。交渉力（bargaining power）とは、契約条件を定める力であり、契約によって達成しようとする成果を賢明に選択する能力を含む。それは市場力（market power）と同じではないし、経済力（economic power）とはほとんど関係がない。

当事者の一方又は双方が交渉力を欠いている場合、契約自由や契約締結力を制限する理由となる。製造者とは、販売のために製品（サービスを含む）を製造する人をいう。消費者とは、消費するために製品を購入する人をいう。個人に限らず、大きな企業組織であってもよい。製造者と消費者の交渉力の不均衡は、テクノロジーと標準書式契約によって拡大される。前者は、製品についての知識・理解の格差を広げ、製造者の交渉力を強める。市場における競争も、製品の多様性ゆえ、問題を解決しない。後者について、標準書式契約の使用は、全体としての費用削減効果はあるが、消費者はその利益を受けない。消費者はそれを読まないのが普通であり、それが消費者に示されないことも少なくない。現代の契約は、「公平な競争の場」ではなく「傾斜のある場」でなされるのが通例であり、そこでは練達の商人であってさえ、保護を必要とする。このような交渉力の構造的不均衡は、結果として、契約を消費者に非常に不利なものとし、更には、製品自体の品質の低下をもたらすことにもなる。古典的契約法は、契約自由と契約締結力を制約しなかったことから、この傾向を助長した。

改革に対する反対論もある。情報収集費用まで含めて考えると、あるいは、売主と大量買主との契約条件が少量買主にも波及することを考えると、なお市場に委ねておくべきである、という議論である。しかし、前者は消費者が交渉力を欠いていて事態を変える力を持たないこと、後者は議論の前提が現実と適合しないことから、とりえない。

2　古典的契約法の改革

⑴　著者は、改革を四つに分けて検討する。第一の改革は、合理的な期待（reasonable expectations）である。この法理は、まず、一九六〇年代の保険に関する裁判例でとられた。保険契約の条件に関する申込者等の客観的に合理的な期待は、保険証券の条項にもかかわらず、なお尊重される、と要約されることもある。著者はその一般化を試みる。人は自らの同意のない限り支配されないというデモクラシーの原理が基本であるが、同意はその客観的表明で足りると解すべきところ、典型的な標準書式契約においてはそれすら存在しないと述べ、合理的な期待こそが契約になるという。ここでいう合理的な期待とは、消費者及び製造者の期待である。合理的な製造者はその製品を購入する消費者の期待を知っているはずだからである。合理的な期待の法理は、一一の法域の裁判所で一般的適用が認められている。古典的契約法との関係では、合理的な期待は、契約自由ではなく契約締結力を制限するものと位置づけられる。人は契約の申込みに任意の条件を入れる自由をもつが、その条件は、申込者において相手方がそれを理解しうると合理的に期待できる限りでのみ、契約の一部となるからである。著者は、合理的な期待を契約の目的に関する期待と見ることにより、それによって解決できる領域を広くとる。合理的な期待の法理を採用することにより、製造者がその優越的な知識を消費者に伝達することが求められ、また、消費者の合理的な期待に合致する限りでしか標準書式契約の法的効果は認められないことになるので、交渉力の均等化がもたらされる。特に、契約書を「読む義務」が

認められたことに伴う交渉力の濫用に対する有効な手段となる。この法理は、将来も、契約法の不可欠の一部となるだろうが、独立した理論としてではなく、契約解釈における客観理論の一部分という位置を占めることになると予測する。

この法理の機能にも限界がある。現代における多くの製品は、消費者が理解することを合理的に期待しえない面をもつ。そこでは、もはや合理的な期待を内容とする契約という解決はとりえず、法創造機関による契約法外のコントロールが必要となる。また、製品に欠陥があると判明した後の交渉の場面では、合理的な期待の法理は消費者の力を実質的に増加させることはない。それは製造者に公共的責任を課することもない。

(2) そこで、第二の改革として、関係的不法行為(relational torts)が取り上げられる。裁判所は一九六〇年頃から、一定の関係にある当事者に対し、新たな義務を課すようになった。これは契約ではなく法によって課せられるので不法行為であり、一定の関係にある当事者にのみ適用されるので関係的である(ただし、Ian R. Macneil のいう「関係的」契約とは別の概念である)。関係的不法行為は、消費者が理解することを合理的に期待できない面において、製造者・消費者の関係を統御するという意味で、合理的な期待の法理と相互に補完する。それは契約によって免れることができないものであり、契約自由を制限する。

古典的契約やUCCにおいても、ある種の契約条項の強行を拒むことによって、契約自由を制限することはある。製造物責任も関係のない第三者にも及びうるから関係的不法行為そのものではないが関連する。しかし、ここで著者が特に注目するのは、一定の関係にある当事者に対し、契約によって回避しえない義務を課した裁判例である。その始まりは、責任保険契約において被害者から合理的な和解の申出があった場合、保険者が保険契約者に対し右申出を受け入れるべき義務を負うことを認めた一九五八年のキャリフォーニア州最高裁判決である。これは、すべての契約に誠実かつ公正な取扱いの黙示的約款が存在することを基礎とした。判例は、更に、保険者のその他の義務、不当解雇、新築住居の販売及び建築役務、不動産賃貸借、役務一般、仲介契約、信認関係、裁量権を与える契約等において、様々の義務を創設した。それは、交渉力の濫用の防止及び公共的利益によって正当化される。この義務の内容を考えるにあたっては、事故費用の配分原則が役立つ。義務の性質については、判例の多くは不法行為と契約の両者に基づくとし、一部の学説は契約のみに基づくというが、契約上のものだとすると契約で排除しうることにもなって不当であり、やはり不法行為に基づくものと理解すべきである。

関係的不法行為に対しては、経済学者から自由市場の原則を損なうという批判がある。すなわち、欠陥製品に対する製造者の責任制限を制約する法は、競争市場における資源配分効率（allocative efficiency）を損ない、また、製造者の責任を拡張する法は、内部補助（cross-subsidization）を生じさせるという。しかし、前者は、製品に欠陥がありうることのリスクを製品の品質の一面として捉える点で不当であり、後者は、交渉力の不均衡を見逃している点などで不当である。

現在、関係的不法行為は、全ての種類の製品について一般的に認める一法域のほか、ほとんどの法域において保険及び製造物について包括的な形で認められ、更に、居住及び役務等についても認められている。

(3) 第三の改革である不誠実な違反とは、違反者が抗弁を有しないことを知っていながらなお責任を免れようと試みることであり、不法行為を構成する。被害を受けた相手方は、契約違反による通常の損害賠償に加え、精神的苦痛による損害賠償、懲罰的損害賠償をも請求することができる。訴訟費用の請求も認める法域もある(「違反」とは契約違反が主なものだが、製造物責任法上の義務の違反等も含むことがある)。不誠実な違反を含まない契約訴訟でも、これらの付加的損害賠償の一部が認められることがある。これが第四の改革、すなわち、救済改革である。

不誠実な違反による不法行為は、一九七〇年代から八〇年代にかけて多くの州で誕生した。九五年現在、これを実質的に認める法域は三七にのぼる。そのうち指導的な役割を果たしたキャリフォーニア州での展開は次の通りである。まず、保険契約に関する一九七〇年の中間上訴裁判所判決、次いで通常の商事契約に関する八四年の最高裁判決(Seaman's事件)において、精神的苦痛に対する損害賠償と懲罰的損害賠償が認められたが、八六年の選挙によって裁判所の構成が大きく変化した後、最高裁は、八八年にSeaman's事件の判断を限定する判決、九五年には同事件の判断を覆す判決を下した。著者は、九五年判決を批判しつつ、懲罰的損害賠償を詐欺を根拠として認める構成も示唆する。不誠実な違反が通常の違反よりも悪い理由は、違反者の不誠実性(dishonesty)にある。違反者は、義務に意図的に反することにより、被害者の権利を侵害し、その出捐によって利益を得るのだから、強盗や恐喝と変わりない（契約の「効率的違反」の場合には、違反者は意図的に違反するが、自発的に塡補するので、これとは違っている）。不誠実な違反は、また、一般に公益をも害する。

著者は、更に、救済の問題に論を進める。まず、訴訟費用（特に弁護士費用）について、これを各自が負担し、勝訴者が敗訴者からその回復を得られないという、American Rule を批判し、代替案を提示する。すなわち、不誠実な違反の場合には、勝訴者が合理的な範囲内の訴訟費用を敗訴者から回復することを認めるべきである。この提案は、弁護士が成功報酬方式で受任することを否定するものではない。ただし、その方式で受任した弁護士は、敗訴の場合には、相手方当事者の訴訟費用について、依頼者と共同して責任を負うべきである。以上は、全ての民事訴訟について American Rule を廃止するという議論だが、契約の事件では、製造者の標準書式契約により、同原則が消費者にとってのみ不利に機能するというのが現状であるから、廃止論は一層説得力を増す。

次に、精神的損害に対する賠償については、契約が「人身上の性質をもつ」場合及び契約違反行為が不法行為を「包含する」場合には、かねてから認められてきたが、一九七〇年代から通常の違反でも認められるようになってきていることを示す。

第三に、懲罰的損害賠償については、それを基本的には有益なものと見たうえ、改善案を提示する。懲罰的損害賠償の目的は、応報、抑止、私人による効率的な法の実現にある。その金額は、行為を抑止しうる額、すなわち、その行為によって予想される利益を凌駕する額（行為が企業政策に基づくものであるときは、その政策の遂行によって得られたであろう額を凌駕する額）となるべきである。懲罰的損害賠償に対しては、それを課された企業が価格を通じて消費者に転嫁するから、結局は消費者の負担となるという批判があるが、制度が適正に作用している場合にはそうはならない。「回避費用」が消費者に転嫁されることはあるとしても、懲罰的損害賠償を廃止することに比べればまだましである。現行制度の問題点は、その著しい高額化である。これを是正するために、懲罰的損害賠償を命ずるか否かは陪審の判断に委ねるが、その金額は裁判官が決定すること、懲罰的損害賠償のうち原告が「報酬」として受けるべき分の残りは被告が州に支払うようにすること、陪審が懲罰的損害賠償の金額を定めることを認める場合も、裁判官が陪審に対しその退廷前に裁判官の認める最高額を告げるようにすること、などの改善をすべきである。

不誠実な違反と救済改革は、契約法改革の中で、製造者に公共的責任を課する機能をもつ。それは消費者の交渉力、特に、製品販売後に不具合が生じた場合の「第二ラウンド」における力を増加させることにもなり、ひいては、消費者の「第一ラウンド」の交渉力の増加にも資することになる。

3　ＵＣＣ第二編

著者はここで目をＵＣＣ第二編に転ずる。契約法改革との関係において、同編に対する著者の評価は極めて厳しい。ＵＣＣに対する批判は、起草過程、立法理由が付されていないこと、規定内容など多岐にわたる。例えば、書式の戦いに関する§二―二〇七に対する批判は痛烈であり、その廃棄を主張する。裁判所も、非良心性に関する§二―三〇二を除いては、コモン・ローの契約法にＵＣＣ

の規定の内容を取り入れなかったし、§二―三〇二についてもコモン・ローを変えたのではなく、コモン・ローと同条の法とを同時に形成したにすぎないという。非良心性は合理的な期待と似ているが、標準書式契約の条項が非良心的ではないが合理的な期待に反するとして覆されることがあり得るという。合理的な期待の方が理論的基礎が簡明であり、裁判官も慣れれば非良心性よりも合理的な期待を用いるようになるだろうが、非良心性も消滅せず、合理的な期待を補完することになると予測する。

UCCは、消費者に十分な保護を与えない(§二―三一六の担保責任排除規定がその例)だけでなく、裁判所によるコモン・ローの改革(合理的な期待の法理の適用、関係的不法行為の創設)の障害となっているというのが著者の評価である。

4 選択と禁止

最後に、以上の諸改革の相互関係、及び、改革と既存の法制度との関係を論じる。

まず、合理的な期待の法理と関係的不法行為との間の選択が問題となる。ある義務を設けるについて、それが次の二要件のいずれかに当たるときは関係的不法行為を、そうでなければ合理的な期待を、裁判所は用いるべきである。①その義務が公序に資するものであること、②典型的消費者であれば、その事項を理解しないため、それについての交渉力を欠いていること、である。関係的不法行為においては、製造者が契約によってその義務を回避できる場合がより限定され、契約自由が制約されることになる。

ＵＣＣとの関係はどうか。合理的な期待の法理は、ＵＣＣの下でも用いられうる。関係的不法行為については、抵触がある場合には、制定法たるＵＣＣが優先する。そこで、抵触の有無が問題となるが、これを安易に認めるべきではない。ＵＣＣの認める売主の担保責任の排除・制限と、製造物責任や対価を得て専門的助言を提供する人の義務との関係を考えても、ＵＣＣは不法行為法と抵触するものと見るべきではない。ＵＣＣの契約法は、裁判所が関係的不法行為を創設することを妨げていると考えるべきではない。不誠実な違反も、不法行為であり、関係的不法行為と同様である。以上のように解すべきではあるが、実際には、ＵＣＣ第二編は改革の妨げとなっている。書式の戦いに関する規定は裁判所が合理的な期待の法理を用いることを妨げ、担保責任の排除規定は裁判所がある種の関係的不法行為を創設することを妨げる。また、同編はコモン・ローの契約法と異なる、それよりも劣った契約法を、明らかな正当化もなく規定している。ＵＣＣは修正すべきである。ただし、通常の意味での修正だと、各州の採択の有無によって州の間の統一性が乱れる恐れがあり、そうなってはＵＣＣの主要な価値が損なわれる。また、立法府による修正といっても、その実態は学者による修正であり、それは長所もあるが短所も少なくない。裁判所による修正の方が良い。具体的には次のような内容のものとすべきである——裁判所は、以後、ＵＣＣ第一編及び第二編を、若干の例外を除き、他の法域の裁判所の判決により構成されるものとして取り扱わなければならない。こうすれば、裁判所は、コモン・ローとＵＣＣとの相違を解消し、ＵＣＣの規定を今日的なものとすることができる。これは、ＵＣＣの編纂を指導したLlewellyn の考え方にも合致するものである。

憲法との関係では、まず、懲罰的損害賠償の合憲性が、第八修正（過重な罰金条項）及び第一四修正（適正過程条項）の下で問題となりうる。合衆国最高裁判所は、一九八六年から九四年にかけて六件の判決を下したが、許される懲罰的損害賠償の標準を明確に表すことには積極的ではない。恐らく、連邦地方裁判所の裁判官が移送事件で州法を違憲無効とすることが端緒となりうるのだろう。次に、訴訟費用について、American Rule と適正過程条項との関係が問題となる。同原則の結果、係争額が少額裁判所の対象となるよりも大きいが、弁護士費用を賄うほどには大きくない、中規模の契約訴訟を提起したい人は、弁護士が必要でありながら依頼を断念せざるを得なくなっている。American Rule が制定法化されている場合、中規模の契約上の請求において勝訴原告の訴訟費用の回復が禁じられているときは、その限りで違憲とされるべきことになる。制定法のない場合にも、同原則の弊害は大きく、その変更が必要である。

最後に、改革によって認められる新しい権利の濫用の防止について検討した後、著者は、改革により製造者の約束が再び拘束力あるものとなると述べ、裁判所による法創造を改めて評価しつつ本書を閉じる。

三　感　想

日本の実定法を学ぶ者としての感想を簡単に述べる。第一に、本書は、アメリカの近年の契約法の動きの概観を、最新の情報まで取り入れつつ示すもの[2]として有益である。著者のかねてからの主張である合理的な期待論の展開を含む、四つの「改革」を柱にして、憲法やUCC等との関係をも論じる構成は明快である。第二に、「改革」について、実践的で具体的な提案をしていることが注目される。その評価は慎重にすべきであろうが、そこに至る過程で、緻密な判例分析、経済学的な議論への応接、憲法問題の考察、立法作業の実態の分析など多彩な手法を用いた多面的な検討がされていることが、議論の厚みと説得力を増していることは間違いない。第三に、古典的契約法の現代における問題の解決を、約款規制法や消費者保護法といった限定された法領域を構築することによってではなく、一般契約法の改革によってなすことを志向しており、議論に広がりがある。大きな企業組織や練達の商人であっても、保護を受けるべき場合があるという指摘は、それを物語る。もっとも、著者の関心の基礎は、やはり標準書式契約にあるようであり、その規制のために、交渉力の不均衡と製造者の公共的責任を論じるという発想が窺われる。その意味では、本書は、現代契約法のある一つの面についての包括的な検討であるというべきであろう。第四に、第三とも関連するが、検討の対象は判例と制定法が中心であり、契約法学、特に契約思想についての叙述は、やや淡白であるという印象を受ける。著者が、古典的契約法の三つの特徴としてあげたもののうち、契約自由と契約締結力については問題点の検討を進めつつ、不法行為との峻別という点については、必ずしもそうではない（むしろ関係的不法行為や不誠実な違反が不法行為であることを強調する）ことも、これに関係するのではなかろうか。なお、著者のいう契約締結力の概念は、更に明確化を要するであろう。とはいえ、本書は、現代契約法を論じる際の一つのモデルとして、十分に興味深いものである。

（1） *Standard Form Contracts and Democratic Control of Lawmaking Power*, 84 HARV. L. REV. 529 (1971); *The New Meaning of Contract: The Transformation of Contracts Law by Standard Forms*, 46 U. PITT. L. REV. 21 (1984); *The Role of Reliance in Contract Damages*, 76 CORNELL L. REV. 197 (1990) など。第一につき、佐藤正滋［1973-2］アメリカ法二五八頁、第三につき、大村敦志［1993-1］アメリカ法七八頁の各紹介がある。

（2） 例えば、Seaman's 事件の判断を覆したFreeman & Mills, Inc. v. Belcher Oil Co., 11 Cal. 4th 85, 900 P. 2d 669 (1995) を、1995 WL 521453 で引用し、批判している。

（［1997-2］アメリカ法〔一九九八年三月〕一八一頁）

〔書評〕

北川善太郎『現代契約法Ⅰ・Ⅱ』（一九七三年・七六年、商事法務研究会）

〔前注〕本稿は、民法施行百周年を記念して企画された、民法に関する主要論文の解説の一つとして執筆したものである。

本書は、社会的現実としての契約を対象とし、企業取引上の具体的問題の検討を通じて法体系や理論への示唆を得ようとする、理論と実務との架橋の斬新な試みであった。

一　このテーマをめぐる本書以前の学界状況

1　民法典に規定された契約法と現実に行われる取引とには「ずれ」がある。それは契約自由の原則によって予定された「ずれ」ではあるが、前者のみをみていては後者を知りえない。後者の発達が前者に及ぼす影響はないのか、「ずれ」は実際なぜ生じるのか、それは常に放置しておいてよいものか、そもそも民法典に規定された契約法とは何かなど、多様な問題が生じる。

2 書かれた契約法と現実の取引との関係については、大正期の学説の混合契約論に興味深い議論がみられるものの、それは抽象的なものにとどまっていた。現実の取引自体に着目する研究は、戦後、一方で、法社会学的研究の発達により、他方で、法解釈学の領域に止まりつつ現代における契約を考えるために実態を把握しようとする試みにより、一九六〇年代に大きな展開をみた。その中には、前近代的な法意識に基づく日本的契約観を指摘するもの（川島武宜博士のより早い時期からの諸業績があるが、同『日本人の法意識』〔一九六七、岩波書店〕は特に広汎な影響力をもった）、社会の諸領域に存在する様々な「特殊の契約」を研究するもの（松坂佐一ほか還暦『契約法大系Ⅵ特殊の契約(2)』〔一九六二、有斐閣〕、同『契約法大系Ⅶ補巻』〔一九六五、有斐閣〕）、企業取引で現実に用いられている約款の分析に基づき標準書式の作成を試みるもの（星野英一＝谷川久「標準動産売買約款の研究」商事法務研究二四五号～二八九号〔一九六二～六三。一〇回連載〕、谷川久『商品の売買』〔一九六四、有斐閣〕）がある。

二　本書の内容とその学界的意義

1 このような状況の中、本書は一九六八年から七三年にかけて公表された雑誌論文をもとに、「現代生活における契約を対象にして」「法と社会的現実とのかかわり合いの問題」を追究したものである。本書はⅠとⅡの二巻から成るが、両者のスタイルはやや異なる。

Ⅰは、広い範囲で企業取引に現れる諸問題を検討する。全一五章のうち最初の三章は総論部分である。まず、わが国における法規範と取引社会の現実との乖離の理由が検討される。第一に「民法規範における二種の二重構造」が指摘される。すなわち、民法典の規範構造とドイツ民法論のうえに構築された解釈論という二重構造、及び、わが国の伝統的な社会諸規範と継受された法規範との二重構造である。第二に、裁判規範を中心とする従来の私法理論では取引社会の諸問題をとらえきれないこと、第三に、抽象的な「債権」の概念により契約の個性や契約の背景が捨象されていることが、指摘される。次に、現行法典に内在する問題が示される。わが民商法典はパンデクテン体系をとるため、契約法に関する諸規定が法典の各所に散在し、その全体的体系を把握しにくい。法典の中の「潜在的契約法の顕在化」が試みられるべきである。以上の問題意識に立ち、著者は、現実の行為規範や社会規範をも取り込んだ、新たな契約法体系の構築が求められると述べ、そのために社会的現実の分析が必要であるという。ここで著者は具体的に「現代契約法の体系のアウトライン」を示す。これは、契約の基礎理論、契約法の体系、契約の関連制度、契約紛争の解決という四つの柱で、多数の項目を体系化したものである。このうち、第二の柱には、契約の成立、契約類型、契約当事者、取引条件、契約の履行・不履行、契約債権の担保、契約の変更などの項目が含まれている。

以上の総論部分を受け、残る一二章の各論部分が展開される。契約の「統合機能」と「分業機能」(セット販売や物流業務・代金支払の代行契約が素材とされる)、契約の「現実類型」としての消費者契約、契約の「経済的当事者」と「法律的当事者」との関係、代金決済の条件・期間・手段などの「取引条件」、返品という取引慣行、契約の「異時履行」という実務では日常的な取引形態、実務上の債権担保（同行相殺、生産財の所有権留保）といった問題が検討される。実際に使われている契約書をふんだんに紹介しつつ、現実の取引における諸問題を具体的に検討し、前記の「現代契約法の体系」における位置を明らかにする。

Ⅱは、「品質保証」を統一テーマとする。著者はこれを「契約類型論における品質保証取引という現実類型の研究」と位置づける。もっとも、初出の時期からいえば、Ⅱの中核をなす「企業取引と品質――その現実と法」及び"Qualitätssicherung（Quality Assurance）in der Vertragspraxis――Zum Verhältnis des Rechts zur sozialen Wirklichkeit――"（いずれも雑誌での原題）が、ⅠⅡを通じて最も早いものであり、体系中への位置づけは本書にまとめられる際になされた。この二論文は、「品質」という商学上の概念を手掛かりに、企業取引における品質論を検討し、その結果を瑕疵担保や性状錯誤論などの法律論に反映させ、また、実務における品質保証を広く検討したうえ、事後の品質保証と事前の品質保証という二類型を抽出するものである。いずれも社会的現実と法との関係を探る、本書ⅠⅡ全体の出発点をなす研究であり、また、商学的・工学的アプローチを用いるという斬新さがあるが、同時に、著者の先行業績（北川善太郎『契約責任の研究』（一九六三、有斐閣））を補強する面もあり、その意味では従来の研究との連続性がある。これに対し、Ⅱの他の部分（生産過程・流通過程における品質保証、品質保証と契約責任法、品質保証と契約法、という中項目の下で諸テーマが論じられる）は、Ⅰとの共通性が強い。これは、ⅠⅡを通じて上記二論文以外の論稿は、新雑誌New Business

Lawの創刊号以来の連載「現代契約のはなし」として公表されたことにもよる。

2　本書は、このように契約理論と実務との架橋を試みるものであるが、次の特徴がある。第一は、社会的現実としての契約を正面から研究対象とし、しかも、それを積極的に評価したことである。民法典の契約規範と現実との相違は、決して単に「前近代的」とのみ評価されるべきものではないという姿勢は、かつての日本的法意識論とは異質のものである。第二は、現実の問題の側から理論をみるという視点を確立したことである。細分化されたそれぞれの法領域の内部で発達した理論の側から現実の問題を眺めているだけでは、現実の問題を十分に解明できないだけでなく、理論自体に潜んでいる問題点がみえなくなる恐れがある。視点を変えることにより、従来の契約法理論の部分性ないし偏りが明らかになることが示される。第三は、現実の諸問題の選定の鋭さである。それらの問題は、当時、「現代的」であっただけでなく、その後、立法・判例・学説により、大きな展開をとげたものが少なくない。現象に含まれる新しい問題を鋭敏に見つけ出し、時代を先取りする点において、本研究は傑出している。また、法学以外の学問領域との連携の試みも新鮮である。以上の諸特徴は、いわゆるビジネス・ロー研究の新時代を告げるものでもあった。もっとも、ここで重要なことは、本研究の最終目的が、あくまでも契約法の新たな体系の構築にあったということである。つまり、現実の問題を研究するのではあるが、それ自体が目的ではなく、体系との関係が強く意識されている。その意味で、本研究は、理論の側から実務への橋を架けたうえ、その橋を再び戻ってくるという構造のものである。

三　その後の学界の展開

契約の実態に着目する研究は、さらに発達した。体系書では、来栖三郎『契約法』（一九七四、有斐閣）と江頭憲治郎『商取引法』（初版：一九九〇（上）、一九九二（下）、合本第二版：一九九六、弘文堂）が代表的なものである。個別研究の集積としては『現代契約法大系　全九巻』（一九八三〜八五、有斐閣）がある。次に、現実の側から理論を照射するという視点は、消費者契約・約款取引、継続的取引、サービス取引、電子商取引などの各分野で多少なりともとられている。本書で検討された個別的項目の展開は、前述の通りめざましい。契約類型論、契約当事者論、消費者契約、返品問題、異時履行及び契約危殆の問題、非典型担保、メーカーの保証などである。他の学問領域との連携という面では、法と経済学の発達がある。契約法の新たな体系化という課題は、後年の著者の教科書でも意識されている（北川善太郎『債権各論』（初版：一九九三、第二版：一九九五、有斐閣））が、ユニドロワ国際商事契約原則（一九九四年）やヨーロッパ契約法原則（full text：一九九六年）にも通じる。以上の諸展開のすべてが本書の直接の影響下にあるわけではないが、少なくとも本書はそのような展開を予告していたのであり、その先見性が確認されうる。

他方、契約の実態に着目しつつも、本書にいう「体系化」とは異なる問題関心からこれを検討する研究もある。特に、契約思想・契約観念に関する研究は、本書を相対化するものといえよう（星野英一「日本における契約法の変遷」日仏法学会編『日本とフランスの契約観』(一九八二、有斐閣)、同「契約思想・契約法の歴史と比較法」『岩波講座・基本法学4契約』(一九八三、岩波書店)(いずれも同『民法論集第六巻』(一九八六、有斐閣)所収)、内田貴「現代契約法の新たな展開と一般条項(1)〜(4)」NBL五一四号〜五一七号(一九九三)(同『契約の時代』(二〇〇〇、岩波書店)所収)など)。

(加藤雅信編集代表『民法学説百年史』(一九九九年一二月、三省堂)四三一頁)

〔解題〕

「民法解釈方法論と実務」を読んで

〔前注〕 本稿は、瀬川信久＝小粥太郎＝加藤新太郎各氏による鼎談「民法解釈方法論と実務」（加藤新太郎編『民事司法展望』〔二〇〇二年、判例タイムズ社。以下「加藤編・本書」という〕一四九頁〔初出二〇〇一年〕）についてのコメントである。

一 鼎談の意義

二〇〇一年七月に東京で行われた民法に関する研究会において、三〇歳代後半の報告者が、優れた、かつ、論争的な研究報告をした。これに対し、二〇歳代から七〇歳代にいたる出席者の側から、様々な意見が出された。その中には方法論に及ぶ発言も少なくなかったが、その内容は年代によってかなり傾向の違いがあった。ある出席者は、「まるで（年代ごとの）地層を見るようだ」と感想を述べ、他の出席者がそれに異を唱えるなど、活発な議論が続いた。

実際、平井宜雄教授が一九八八年から九〇年にかけて発表した法解釈論に関する一連の論稿[1]は、その後の民法学研究に大きな影響を与えた。それは、星野英一教授の利益考量論[2]を「批判のターゲット[3]」とするものであった。大村敦志教授はこう語る。

「その結果、九〇年代には論理指向・体系指向が急速に復権し（むしろ初めて自覚的に追及され）、今日では、民法学者（少なくとも若い世代）の多くは『利益衡量』という言葉を口にしなくなっている。利益衡量論の特徴的な表現であった『誰々に酷である』という言葉についても同様である。[4]」

もっとも、平井教授の「議論」論が民法学界を席捲したというわけではない。我妻説への再着目[5]、利益考量論の再編の展望[6]やその再評価[7]が表明されるなど、帰一するところを見ない。ただ、少なくとも、平井教授の批判を意識しないで利益考量を語ることはできないのが民法学研究の現状である。

しかし、このような動きは、必ずしも、実務界には十分に伝わっていないようである。鼎談の冒頭で加藤判事が「研究者の部分社会における」論争だとみる向きもあると指摘されるが、このあたりが率直なところかもしれない。学界と実務界とのこの懸隔を解消し、さらに、民法学における論争の成果を実務に取り込もうとするこの鼎談は、したがって、まことに時宜を得た企画であった。その目的は、絶妙な組み合わせというべき三名の優れた法律家の周到な準備と真摯な議論によって、十分に達成されている。

従来の民法解釈方法論の紹介と検討については、その第一人者である瀬川教授により、鼎談中で明快になされている。[8] 特に、末弘教授から平井教授にいたる方法論を比較した一覧表（加藤編・本書一六三頁）は、鋭い項目選択とエッセンスの的確な抽出からなるものであり、瀬川教授ならではの貴重な労作である。ここでは、それを繰り返すことはせず、「議論」論と利益考量論に絞って若干の感想を述べ、また、実務にとっての民法解釈論の意義について鼎談参加者と一緒に考えてみたい。前者は鼎談の二と三に、後者は四に対応するものとなる。

二 「議論」論と利益考量論

1 「議論」論

「議論」論は、利益考量論の「直観的な」「価値判断」による問題解決を批判し、それはもっぱら「発見のプロセス」においてのみ機能しうるものであるという。「発見のプロセス」とは、ある言明にいかにして到達したのかという心理学的プロセスである。そこでは、利益考量・価値判断から、理論、ひらめき、迷信、偏見にいたるまで、いずれも等しい価値をもって存在する。「発見のプロセス」を経て到達されたところの言明の正当化は、「正当化のプロセス」によってなされる。それは、ある言明から論理的推論によって他の言明を導き出すという「ミクロ正当化」と、前提とされた言明自体を正当化する「マクロ正当化」とからなる。いずれの正当化も「議論」によってのみなされる。価値については「ヒエラルヒア」はあり得ず「コンフリクト」しかあり得ないのであり、ある規範言明が「正しい」かどうかは、事前には判定できない。それは、もっぱら「議論」に生き残れたかどうかで決まる。「議論」によって「正当化」される資格をもち、「生き残れる言明」たりうるのは、反論を加えることが可能であり、かつ、反論に耐えうるように努力の傾注された言明である。そのような「反論可能性」の大きな法律論が『良い』法律論」である。反論は、①論理的な誤りの指摘、②問題・主張の基礎となる事実の存否に関する反論、③目的の妥当性や手段の適切性についての反論、④「法的思考様式」に基づく反論などがある。議論によっても決着がつかないときは、複数の法解釈論の「棲み分け」がされる。

この「議論」論のインパクトは大きかった。戦後法解釈論の「非合理主義」を指摘し、「議論」による言明の正当化を唱える斬新で鋭利な主張は、民法学研究における主張者の峻厳な姿勢とも相俟って、特に若い世代の研究者に強い印象を与えた。

もっとも、「議論」論に対しては、疑問も投じられている。碧海純一教授によって「第二次法解釈論争」と命名されることになる星野教授による当初の反論[9]から一〇年を経て、論争が一段落した時点で、瀬川教授は「議論」論の問題点を改めて指摘する[10]。すなわち、①社会の秩序を維持するために、法システム以外の諸々の社会システム・価値をも考慮しながらコンフリクトの調整をする基準を定立することが今日の課題であり、特に、それは既存の法規範・法概念の結論を変更したり、新たな規範・概念の定立が求められる新しい問題において強く要請されるところであるが、その際、演繹論理と反論可能性だけでは解決できない、②法を解釈する者がある解釈を主張するときの正しさを単なる心構えだと考えるのでは足りない、という（瀬川・位相二〇頁以下）。

どう評価すべきか。主として実務との関係を念頭に置きつつ考えると、次の指摘が可能であろう。

第一に、「発見のプロセス」の「発見」とは何かを明確にする必要がある。新しい法律論の「発見」が、まず考えられる。りんごの落ちるのを見たニュートンによる万有引力の法則の発見、入浴中のアルキメデスによる王冠の金の純度の判定方法の発見のような、斬新な言明の発見である。そこでは、たしかに、利益考量・価値判断も、迷信・偏見も、等価値かもしれない（平井・覚書五一頁）。しかし、利益考量論はそのような場面でのみ機能するものではない。それは、複数の法律論の中の一つを「選択」する際にも用いられる。実務において、法解釈が問題となるのは、多くはそのような場合であろう。もちろん、中村治朗元最高裁判事の指摘にもある通り、このような「選択」は創造的機能をも持ちうるものである[11]。また、「議論」論においては、いずれにせよ、到達された言明のみが問われるのだから、「（狭義の）発見」も「選択」も理論的には区別する必要はないことになるのだろう。しかし、「（狭義の）発見」と「選択」とは、やはり性質を異にする精神活動であり、現実の法解釈においては、後者が大きな位置を占める。その過程で利益考量のもつ意義は大きく[12]、これを迷信・偏見と同等に位置づけることはできない。中村元最高裁判事の見解は、「議論」論と共通する面がある（瀬川教授の指摘されるとおりである）が、現実の「選択」のプロセスを重視し、「術（アート）」としての裁判を考える点が大きく異なる。「議論」論がこの部分を切り落とすのは、理論的には一貫しているが、その分だけ、現実の法解釈者の営みからは遠ざかるように思われる。

第二に、「正当化プロセス」における「議論」について、その概念、方法と内容、および、判定方法の面から考えてみたい。

まず、「議論」の概念には、①理論モデルとしての議論、②裁判制度の下での議論、③日常用語としての議論がある。このうち、「議論」論が対象とするのは①であり、それが制度化されたものとしての②に言及されることもある。実務においては、もちろん②が考察の中心的課題となるが、それは③と連続性のあるものとして理解されているのではなかろうか。その結果、①から眺めた②と、実務家がイメージする（③と連続性のある）②とには、ずれがありうる。この関係を明確にしておかないと、混乱が生じる恐れがある。

この「ずれ」は、「議論」の方法・内容においても現れる。「議論」論は、「反論可能性」の大きい法律論が「良い」法律論であり、たとえば、比喩を用いた法律論、一般条項を含んだり「特定の限定句」による留保を付した法律論は、相対的に「悪い」法律論であるという。「議論」論は、また、「言明の主張者（法律家）に一つの倫理的態度」を要求する。それは、「さわやかな弁舌だけで反論を押さえこんだり、ジャーゴンを駆使してごまかしたりしない態度、自らを反論に敗れるかもしれないリスクにさらす態度、相手の人格や心理ではなく、言明の内容だけを尊重する態度、等々」である（平井・続覚書三二頁）。これらの説明は、①の「議論」については妥当するとしても、現実の②においてはそのすべてが妥当するわけではなさそうである。実務家であれば、的確な比喩のもつ力、言明をする人の信頼度や言明の背後にある心理の把握の重要性を指摘するだろう。また、できるだけ「リスク」を避け、新奇でない、反論の余地のない法律論によって結論に到達しようとする、というのではなかろうか。新しい判断をする際も、大上段の議論はせず、可能な限りその事案に即した解決を試み、一般論を述べるときも、「特段の事情のない限り」といった留保を付することがむしろ望ましいと考えることもあるだろう。なぜならば、②は、常に具体的な紛争の解決を目的とするものであり、それゆえ具体的な人に対する説得が重視されるからである。弁護士は、裁判官を、相手方を、そしてときには自らの依頼者を、説得しようとする。裁判官は、当事者を、また、上訴審裁判所を、説得しようとする。そこで求められる法律論の「良さ」は、①におけるそれとは必ずしも一致しない。

「議論」論は、おそらく、既存の法律論で解決できる場面ではなく、「問題を解くのに必要であれば、思いも及ばなかったような大胆な……規範言明を提起すること」(平井・続覚書二九頁)が期待される場面を想定しているのであろう。実際、ルーティンではない、ハード・ケースを前にしたときこそ、法律家の能力の重要な一面が試されるといえよう。また、いずれにせよ、裁判官の書いた判決は、訴訟関係者以外の法曹や学者の批判と評価にさらされうる。[13] その意味では、①と②の共通性を重視すべきなのかもしれない。ただ、そのような場合であっても、学説であればその言明のオリジナリティが強調され、それ自体が評価の対象となるだろうが、実務では、結論との関係こそが重視される。反論に敗れた場合の「リスク」は、学説にあっては、主張者自身が負担するが、実務においては、主張者以外の者に累が及ぶ。実務家が、慎重な態度をとり、自らの言明は決して新奇なものではなく制定法・判例に沿うものであると強調し、抵抗なく受容されることを図るとしても、それは奇異なことではない。

「議論」の判定方法についても、①と②とには違いがある。②は、「議論」論も指摘する通り、「制度的制約」がある。それは、単に手続的制約にとどまらない。個別的な紛争について一定の期間内に具体的な解決が求められるという、本質的な制約である。そのために、最終的には裁判官の判断による解決が用意されている。①では、そのような制約はない。議論の判定者は、法律家共同体という曖昧さを伴う集団であり、いつどのように判定されたのか、そもそも判定されたのかどうかさえ、はっきりしないこともある（論文審査、人事に伴う業績審査などの具体的な形をとることはあるが、それは、「議論」論の考える判断とは、異質のものであろう）。その結果、「生き残った」かどうかが不明確な状態、反論は成功したが新たな言明は示されていないという法律論不在の状態、「棲み分け」状態の多発、が生じる可能性がある。こういったことは、②の議論においては、許容できないものであろう。

このように①と②とを比較すると、理論モデルたる①と具体的な紛争の解決のための②とでは、かなりの「ずれ」がり、むしろ不連続ではないかという印象さえある。「議論」論が、②が①を制度化したものだと位置づけるのは、①の本質を不明確なものとする恐れがあるように思う。

以上は、実務との関係でのコメントだが、このほか、「議論」論自体について、一つ気になるところがある。それは、同論が「反論」の第四の型として「法的思考様式にもとづく反論」を掲げ、「正義に反する」「公平を欠く」などの反論を例示したうえ、これが「法律論の中核となる反論の型」であるという点である（平井・続覚書三二頁）。その「正義」「公平」とは何か、それはどのようにして判定するのか、そこには価値判断が入らないのかである。「正義」の概念が多様であるとすると[14]、この点の明確化が求められよう。

「議論」論は、もともと法学教育の観点から出発している。それは、法律学における方法を論じるものではないといわれる[15]。現実の裁判実務の方法論を説くものでも、もちろんない。しかし、議論によってのみ規範言明が正当化されうるという発想は、法律学においても、実務においても、理念型としての強い魅力がある。それは、曖昧な言い方や直観による解決に対し、反省を迫る視点として大きな意義がある。特に、「反論可能性テーゼ」は、自己の言明がもちうる意味を予め点検する重要なポイントとなろう。他方、「議論」論の明快さは、法学教育において、ある種の危険を伴うことが懸念される。予備校教育が発達し、答案として構成しやすいような形で判例学説が要領よくまとめられた「論点」を記憶しようとする傾向が強い状況の下、多くの学生は、自ら「良い」法律論を構築しようなどとはせず、現在「生き残っている」法律論の諸断片を暗記することにますます専心するようになりはしないかということである。近い将来、法科大学院構想が具体化し、法曹人口が増大するであろうが、「議論」論は、結果的には、第三者によって整理された知識を「正しい」ものとして覚えようとする方向に誘導する恐れはないだろうか。このようなことは、「議論」論の目指す事態ではないと思う。

2 利益考量論

「議論」論は、利益考量論の問題点を鋭く指摘する。利益考量論といっても単一ではないが、その分析は大村教授によって的確になされているので[16]、それに譲る。ここでは、利益考量論の「直観主義」ともいうべき問題点と、効果から考えることの問題点を検討したい。

「議論」論は、利益考量を強調すればするほど、直観的な判断に至りやすく、「非合理主義」への途が容易になるという（平井・続覚書四七頁）。たしかに問題がある。法律学を学び始めたばかりの学生が、まず「常識」や「信念」で結論を決め、その後、それに合う法律論を適当に選択するという現象に対する懸念は、よく理解できる。熟達した法律家が自らの直観的判断を言語化しないまま、初学者に伝達することとの問題もある。プロ野球の天才的バッターが高校生に「とにかくパッと打てばいいんだよ。」と教えても、それでは十分なバッティング指導にはならない。また、熟練の法律家でも、間違うこともある（もっとも、これらのことは、利益考量論でも意識されていた）。さらに、利益考量に適した問題とそうではない問題もありそうである（瀬川・位相一八頁）。

とはいえ、利益考量には意義もある。具体的な紛争の解決において、常に結論との関係が考えられるのは当然である。熟練の法律家は、一つの問題を前にして、様々の法律要件・効果の組み合わせを瞬間的に思い浮かべながら、解決の大まかな方向について直観的判断を下し、新たな情報が入る都度、それを修正していき、最終的に定量的判断に達する。それは決して素人の常識的判断ではない。実定法に関する知識と蓄積した経験に裏打ちされた、法律家としての技術的判断である。利益考量論は、このような判断プロセスを言語化する契機となりうるのではないか。翻って考えると、問題を類型化したうえ、各場面において現れる諸利益を分析することには、それ自体の意味がある。それは、気づかれていなかった利益の存在、諸利益の対立・一致を顕在化し、見解の相違の原因がどのレベルにあるのかをはっきりさせる。ある言明の主張者が無意識にしていた価値判断を表面化させ、また、その価値判断の一貫性の有無をテストすることにもなる。既存の法理論の隠れた不都合を検出する機能もある。

このように法律家の判断をプロセスとしてとらえ、それを言語化するという作業、また、利益の分析をする作業は、それ自体、意味があるように思う。

次に、効果から考えるということについて。このような視点は、利益考量論以前からもあった。たとえば、我妻博士は、和解契約の成立要件につき、従来言われていた、争いと互譲の二要件論に対し、「たとい真実に反していても云々の法律関係とする」という合意の存在こそが重要であると論じた。[17]この発想は、「確定効の認められるべき契約を和解と解する」見解に近い。[18]要件を定立する際、効果との関係を考えるべきこと自体には、異論がなかろう。見解が分かれるのは、要件は明確なルールの形で設定しなければならないのか、問題の性質によってはいくつかのスタンダードを示す形でも良いと考えるのかである。「反論可能性」基準からすれば、当然、前者が強調されることになる。だが、後者が意味をもつ場面もあるのではなかろうか。

法律論において、論理・体系の重要性は言うまでもない。ただ、それのみを追求していくと、壮麗で堅牢な体系の構築へと向かうことになりがちである。それは、しかし、部分的摂取を拒むものであったり、具体的な問題の解決にとって硬直的なものとなる恐れを伴う。体系には、動態的で柔軟な性質も必要であろう。その意味でも、利益考量論が、「『衡平』の技法」として、なお普遍的価値をもちうるという評価[19]は、傾聴に値すると考える。

三　実務にとっての法解釈論

以上のような民法解釈論は、実務になんらかの貢献をなしうるのであろうか。

まず、「議論」論が法律要件をルールの形で明確化すべきことを説く部分は、実務において有用なものとして歓迎されるであろう。また、「議論」論が広い意味での法律家を視野に入れて、それらの人々の議論を奨励することは、法律論の発展をもたらしうるものと評価されるだろう。鼎談において加藤判事が指摘されている点である。[20]さらに、「議論」論の「反論可能性」テーゼは、特に新たな法律論を展開する際、主張者に自らの主張を精練するための有効な視点を与えるだろう。

次に、利益考量論は、諸利益の分析を求めるが、これは実務において当然にされていることであり、それ自体は、新味がないかもしれない。ただ、訴訟構造上、審理に現れにくい利益（第三者の利益・社会の利益など）の存在を意識させるという意味はありえよう（手続的制約の結果、直ちに具体的判断には反映させられないにせよ)。また、利益考量論は、実務家の判断のプロセスを明るみに出し、分析する契機を与える機能もあるだろう。ある裁判官が、①訴状を見た段階で事件のおおまかな進行の予測をし、②審理を通じて解決地点のおおよその位置を把握し、それを次第に狭めていき、③記録を精査しつつ、種々の法律論を検討して、最終的な決断をし、④あわせて、必要なら具体的な定量的判断をし、⑤それらを判決書に表現する、という経過をたどったとする。この裁判官は、①から⑤の各段階で種々の判断をするが、その方法・性質は異なっている可能性がある(たとえば、③④では微妙な判断をしたとしても、⑤では断固たる表現をとることもありえよう)。これらを区別せず、裁判官はまず直観的判断をして、後で法律論をかぶせるなどというのは、いかにも木目が粗い。もう少し丁寧に、法律家の判断をプロセスとして捉え、各段階ごとに、その内容を言語化して分析することが求められよう。その結果は、本鼎談で打ち出された「法形成システム論」の構想にも役立ちうるのではないかと思う。

この構想は、実際、魅力的である。「裁判の構造に即して正当化のいろんなパターンを考える」(瀬川)、「(法規の拘束力)以外の議論のパターンというのも非常に多い」(小粥)、「(法解釈方法論を)法事象に対する取り組み方のスキル(として)再構成する」(加藤)などの発言から、この構想が浮かび上がってきて、「むすび」にいたる部分は、本鼎談の後半の山場である。方法論の意識化は、実務においても実際的な意義をもちえよう。

実は、私自身も、かつて、少し共通する問題意識を抱いたことがある。債務不履行による損害賠償に関する多数の判例を分析した結果、個々の内容とは別に、「判例のとる方法論」とでもいうべきものがあるという印象をもった。判例は、外国法から継受した概念を変容させたり、概念を別の場面に転用したり、信義則を介して新しい法理を導入したり、抽象的な基準のみの提示や事例判断の形式にとどめて議論の熟成を待ったり、あるいは、単に原告の主張を認めたり、などといった様々な手法を用いて、問題を解決している。そこで、「どのような問題にはどの手法を用いるのかについての隠れた基準がありそうに思われる」という感想をもつに至った(21)。

「法形成システム論」の構築は、困難な作業ではあろうが、試みられる価値がある。種々の問題と「正当化のパターン」との相互関係の分析・検討、および、言語化された法律家の判断プロセスの分析・検討が、その実現に寄与するのではないかと考える。

(1) 平井宜雄『法律学基礎論覚書』(一九八九、有斐閣。ジュリ九一六号〜九二八号〔一九八八〜八九〕の合本。以下「平井・覚書」として引用する)、同『続・法律学基礎論覚書』(一九九一、有斐閣。法協一〇七巻五号、ジュリ九五六号〜九六二号〔以上一九九〇〕の合本。以下「平井・続覚書」として引用する)〔両論文は、後に、同『法律学基礎論の研究』(二〇一〇、有斐閣)に収められた〕。この間に、平井宜雄＝星野英一＝瀬川信久＝田中成明「ミニ・シンポジウム 法解釈論と法学教育」ジュリ九四〇号(一九八九)一四頁がある。

(2) 論者により、利益「考量」か「衡量」かの用語の相違があるが、本稿では、引用部分を除き、星野教授の採るところである前者で統一する。星野英一「民法の解釈をめぐる論争についての中間的覚書」加藤一郎＝水本浩編『民法・信託法理論の展開』(一九八六、弘文堂)一頁〔同『民法論集第七巻』(一九八九、有斐閣)所収〕参照。

(3) 平井宜雄「『法的思考様式』を求めて」北法四七巻六号(一九九七)一一五頁・一四〇頁。このほか、関連する講演記録として、同「『良い』法律論を生み出すために」早法六七巻四号（一九九二）六五頁、同「『良い』法律家になるために」司研九二号（一九九五）一頁がある。
（4）大村敦志『民法総論』（二〇〇一、岩波書店）一一九頁。
（5）加藤雅信編集代表『民法学説百年史』（一九九九、三省堂）四六頁〔加藤執筆〕。我妻説の中庸を評価しつつ、その曖昧さを克服しようとする。
（6）吉田邦彦『民法解釈と揺れ動く所有論』（二〇〇〇、有斐閣）一四九頁。
（7）大村・前掲注（4）一二六頁以下。
（8）詳細は、瀬川信久「民法の解釈」星野英一編集代表『民法講座別巻1』（一九九〇、有斐閣）一頁、同「民法解釈論の今日的位相」瀬川信久編『私法学の再構築』（一九九九、北海道大学図書刊行会。以下「瀬川・位相」として引用する）二頁。
（9）碧海純一「合理主義と法解釈論」ジュリ九四〇号（一九八九）六一頁。
（10）星野英一「『議論』と法学教育」ジュリ九四〇号七〇頁〜九四三号四六頁（一九八九）〔後に、同『民法論集第八巻』（一九九六、有斐閣）に収められた〕。
（11）中村治朗「『裁判』について考える」判時一一一六号（一九八四）三頁・一〇頁〔同『裁判の世界を生きて』（一九八九、判例時報社）所収〕。
（12）中村・前掲注（11）一三頁参照。
（13）中村・前掲注（11）八頁。
（14）平井宜雄『法政策学〔第二版〕』（一九九五、有斐閣）九三頁以下。
（15）平井ほか・前掲注（1）六〇頁〔平井発言〕。
（16）大村・前掲注（4）一二〇頁以下。

(17) 我妻栄『債権各論中巻二』(一九六二、岩波書店)八七五頁。

(18) 星野英一『民法概論Ⅳ(契約)〔合本新訂〕』(一九八六、有斐閣。使用版は五刷、一九九四)三四三頁。

(19) 大村・前掲注(4)一三一頁。

(20) さらに、同判事は、加藤新太郎「法実践と法学部における民事法教育(下)」NBL五三七号(一九九四)一九頁・二一頁において、前述の①②③の各議論の共通面を重視され、①が②にもたらしうる実践的意義を評価される。

(21) 中田「民法四一五条・四一六条」広中俊雄=星野英一編『民法典の百年Ⅲ』(一九九八、有斐閣)一頁・五五頁。

(加藤新太郎編『民事司法展望』〔二〇〇二年九月、判例タイムズ社〕二一五頁)

〔新刊ガイド〕

後藤巻則『契約法講義』(二〇〇五年、弘文堂)
――契約法の新たな、そして自然な再構成

「契約を生き物のように捉えて、その誕生から終焉までの過程として扱う」――これが本書のコンセプトである。「契約の世界へ」という序章に続く、「契約の成立」「契約の内容」「契約の履行」「契約の終了」の各章でこの過程が説明される。その後、「契約の基本類型」の章が置かれ、巻末に具体的な契約書などの資料が付される。本文二四九頁のコンパクトな書物でありながら、「契約に関することであれば、本書一冊で民法の基本的な知識のすべてを修得できるように記述する」という著者の狙いを実現するものとなっている。

契約法についての教科書・体系書の多くは、「民法第三編第二章契約」を対象とする。契約に関する重要な規律は、この部分だけでなく、民法総則や債権総則にも多くあるが、パンデクテン・システムをとる民法の編別を前提とする授業や教科書では、それらは分断されざるをえない。契約法は、不法行為法などとともに「債権各論」を構成し、債権の発生原因の一つとして位置づけられる。そこでは、契約法総論よりも、各種の契約の個別的検討の比重が大きくなる。

これに対し、民法の中の契約に関する規律を再編成することが試みられるようになる。例えば、民法（財産法）全体を不動産売買契約の流れに沿って示す試み（米倉明『プレップ民法』）や、民法総則を契約法の観点から再構成する試み（内田貴『民法Ⅰ』、大村敦志『基本民法Ⅰ』）は、大きな成果を挙げている。もっとも、これらは、民法全体を読者に提示するにあたり、契約法を導入部分に置くものだが、本書は、まさに契約法自体を再構成しようとする（沖野眞已「鳥瞰契約法」本誌〔法学セミナー〕五四五号〜五七〇号も同様だが休載中）。本書の示す方向は、ヨーロッパ契約法原則やユニドロワ国際商事契約原則（第二版）とも共通する。

本書は、このように先進的なものだが、同時に伝統を踏まえるものでもある。本書の書名は、一九世紀後期に刊行された富井政章『契約法講義 全』（一八八八年）を想起させる。同書もまた、契約の成立、契約の効果、契約上の債権の消滅を軸にして、契約に関する規律を示す。二つの同名の著書には、それぞれの著者のフランス留学の経験が反映している（本書は、カバーをとると仏文タイトルが現れる）。もっとも、富井の著書は、旧民法公布（一八九〇年）の前に出されたものであり、本書は、民法施行から既に一〇〇年以上を経て、それが現代語化までされた後に出されたものである。その間の変化は激しい。実定法（制定法・判例）の変遷、民法学の展開、そして法学教育の変化である。

二一世紀初頭に法科大学院で教育をされる著者の手になる本書は、現行民法に関する判例と伝統的な学説を丁寧に説明しつつ、民法学の先端的な動きや、新しい法律（消費者法関係が特に充実している）の内容も、ふんだんに取り込んでいる。とりわけ、著者自身の研究成果（消費者法、契約締結過程における情報提供義務・助言義務、契約当事者の協力義務、債務不履行による解除の要件、死後の事務処理契約、手付けなど）のエッセンスを披瀝される部分は、平明簡潔ながら迫力がある。本書は、契約総論（民法総則・債権総則を含む）を中心に据え、各種の契約についてはその後に要点を述べる構成をとることにより、富井、さらにはフランス債務法に呼応しつつ、現代日本の契約法をいきいきと語る。

教育すべき内容の多さ、パンデクテン・システムの桎梏、そして紙幅の制約などの要因により、本書からは著者の苦悩も伺われる。特に、「契約の主体」の部分の取り扱いには、苦労されたことが感じられる。また、もっと思い切っても良かったのではないかと思われる部分もある（たとえば「契約成立のプロセス」の項では、手付けに関する著者の評価〔本書でも後に少し出てくる〕との関係をより積極的に示すことも考えられよう）。さらに、個別的な解釈論や伝統的な学説の位置づけについても、議論の可能性は残されている。もちろん、これらは著者が十分に検討された上での決断であったわけであり、むしろ著者の問題提起と評価すべきものであろう。

本書は、一九世紀末から二一世紀初頭にかけての日本契約法の歩みを経た上での豊かな成果であるとともに、来るべき民法の実質的現代化についても考えさせる作品である。鋭い読者は、本書の親しみやすい語り口の背景にある奥深さに、きっと気づかれるに違いない。

（法学セミナー六〇九号〔二〇〇五年九月〕一三五頁）

〔書評〕

潮見佳男『契約法理の現代化』（二〇〇四年、有斐閣）

一　概　観

本書『契約法理の現代化』（二〇〇四年、有斐閣）は、『契約規範の構造と展開』（一九九一年、有斐閣）、『契約責任の体系』（二〇〇〇年、有斐閣）に続く、契約法・履行障害法の分野における潮見佳男教授の三冊目の論文集である。著者には、この分野では、『債権総論講義案I』（一九九一年、信山社）を出発点として発展し続ける債権総論の体系書及び契約法の体系書があるほか、編著書・翻訳書・教科書等もあり、さらに隣接分野での論文集・体系書・教科書等もあるなど、その業績は広大な山脈を形成する。本書は、その中で、先行する二つの論文集に続く著者の研究の展開を表し、また、体系書のうち特に『債権総論I〔第二版〕』（二〇〇三年、信山社）及び『契約各論I』（二〇〇二年、信山社）と呼応する、先端的な論文集として位置づけられる。

本書は、一九九五年から二〇〇二年にかけて公表された八つの論文を三部構成で編集した、本文四八五頁に及ぶ大著である。まずは、その内容を紹介しながら、評者の個別的な感想を述べ、その後に、本書全体を通じての感想を述べたい。

二　内容と個別的感想

1　「第一部　契約法と損害賠償法の交錯——制度間競合の視点から見た損害論の現状と課題」

第一部は、一九九六年の私法学会シンポジウムの準備過程での成果を基礎とする（初出は一九九五年）。契約の成立・効力の問題と損害賠償の問題とが交錯する場面について検討する。第一に、契約不成立の場合の損害賠償について、「履行利益」の賠償は、契約が成立していない以上、認められないが、「完全性利益」の侵害に対する賠償が認められることがあると述べ、いずれも自己決定権の保障という観点から説明する。第二に、契約成立の場合の損害賠償について、成立した契約の不公正さや詐欺性を理由として不法行為に基づく「原状回復的損害賠償」を認める（そのうえで過失相殺で弾力的に処理する）という見解に対して、契約を有効としつつ不法行為による損害賠償を認めることの評価矛盾を指摘し、むしろ「一部無効による処理や信義則による契約内容の修正といった契約の有効性評価の次元へと還元していく作業が必要」だと述べ、その際の判断要素を提示する。

ここでは、体系的整合性を維持しながら、思想的・政策的基盤を検討したうえで適切な解決を試みるという姿勢が見られる。その際、①契約の成否を自己決定と結合させて厳格に理解し、②その効力について適正化を図る、という選択がされる。評者は、この枠組みを評価しつつ、次の三点について、さらに考えてみたいと思う。①については、より柔軟に理解する方向の可能性はないか。②については、期待されている適正化が、実際には、損害賠償に比べて機能しにくいということはないか。①②を通じて、有効な契約の適正化の方法の一つとして、基本的な法律関係とそれに基づく個別的な法律関係の重層的構造（いずれも意思に基づく関係）を考えるべき場面はないか。

2 「第二部 投資取引・消費者契約に見る民法法理の現代化」

第二部は、主として一九九八年から九九年に著された論文を基礎とする三つの章からなる。

「第一章 投資取引と民法理論」では、著者は、ワラントほか証券取引と変額保険に関する裁判例を分析した後、「投資勧誘者の民事責任（損害賠償）」及び「投資契約の有効性」という二つの観点から、民法理論への接続を検討する。そのうえで、自己決定原則を基本としつつ、その機能不全を是正するものとしての「投資者保護公序」を構想する。そこでは、まず、自己決定基盤の確保が中心的な課題とされ、情報提供義務違反の位置づけがなされる。次に、これを補完するものとして、第一に、「生存権保障型投資者保護公序」により、その範囲で認められる適合性原則が、第二に、当事者間の取引的接触関係により当該投資取引の基礎として形成される「一種の信認関係（信頼関係）」に基づく積極的支援（助言）義務が説明される。

既存の様々な見解を明快に整理したうえ、情報提供義務、適合性原則、助言義務を、その本質に遡って分析し、新たな構成の中に位置づける手腕の冴えは、感嘆するほかない。そこで提示される投資者保護公序と消費者保護公序の思想的基盤・原理面での相違は、本書の他の部分の論述とも関連し、重要である。評者としては、「生存権保障型」投資者保護公序が自己決定原則に優先する本質的根拠は何か、「生存権保障型」と「財産権保護型」との間には連続性はないのかについて、また、「一種の信認関係（信頼関係）」の法的性質は何かについて、さらに知りたいと思う。

「第二章　ドイツにおける情報提供義務論の展開」は、著者の在外研究の成果である。まず、契約前の段階の説明義務・情報提供義務違反による契約の解消及び損害賠償に関する判例法理の展開と学説の議論を紹介する。「過失による欺罔」を、詐欺の拡張ではなく、契約締結上の過失構成によって取り込み、損害賠償としての原状回復義務を介して契約解消を認める判例に対する、批判論と擁護論が明快に提示される。著者は、そのうえで、情報提供義務の根底にある基本原理の検討に進む。福祉国家論からの弱者保護、専門家責任、契約のメカニズムが機能することを重視する立場、基本権としての自己決定権の尊重、市場原理の機能不全を回避するための情報提供モデル論などを紹介した後、動的システムの観点からの再構成の試みを紹介する。著者は、ここからさらに考察を進め、リベラルな私的自治・自己決定権の枠内で認められる情報提供義務と、それとは異質な原理に基づく相手方保護の要請とを切り分け、それぞれについて民法の基本原理との関係を検討する。

本章では、まず、ドイツの裁判例・学説が、制定法との関係をも含めて、明快に整理され、紹介される。その叙述には、切れ味と安定感がある。著者は、しかし、そこから短絡的に「日本法への示唆」を求めるのではない。さらに考察を深め、諸見解のよって立つ基本原理・思想的基盤を探求する。このようにして、民法の基本原理との関係を考えるという高い視点を獲得する。外国法研究の範とされるべき作品といえよう。評者としては、ここでは、基本原理を考える際、結局は、憲法（基本法）上の価値に還元されるのかどうか、そのことはドイツと日本で同じなのかどうかについて、さらに知りたいと思う。

「第三章 消費者契約における不当条項の内容規制」は、日本の消費者契約法の制定過程にあって、不当条項の内容規制のあり方を論じたものである。消費者契約法一〇条のもとでの不当条項の内容規制における不当性判断の基礎となる考え方を分析したうえ、そのうち「消費者公序」に関係する要因には、①私的自治・自己決定権の保護・支援に係わるものと、②福祉社会実現のための「弱者たる消費者」の保護・支援に係わるものがあること、①②は異質な原理に支えられたものであること、②も「包括的民事ルール」に組み込むべきことが述べられる（②の取り扱いは、本書第一部で検討された投資取引の場合と異なる）。さらに、民事立法のあり方にも言及し、この問題は、本来は、民法の一般理論レベルで公序良俗・信義則の概念を見直すことにより、①②とも民法の中で解決されるべきだが、そのような試みをする先端的学説が浸透するまでの間は、「消費者契約法の包括的民事ルール」で達成できるのであれば、その方法を選択することが許容されるという。

本章では、消費者契約法の立法過程に参加した著者が、様々の立場からの議論に接しつつ、常に基本原理に遡って考えようとし、それでもなお、「先端的学説」の置かれた客観的状況を直視して、現実的な判断をする姿が浮かび上がってくる。「先端的学説」から見た「民法の基本原理」を前提として議論すべきだと批判することは容易であるが、現実の立法にあたって、より望ましい結果を達成するためには、このような議論をすることも十分に理解できる。研究者が立法過程に参加する機会が増えているが、そこでの一つのモデルとなるべき姿勢である。評者としては、さらに、前記②を民法の基本原理として取り込むべきこととの本質的根拠は何か、また、「先端的学説」とされる大村敦志・山本敬三両教授間の基本的相違をどう評価するのかについて、知りたいと思う。

3 「第三部 国際化の流れの中での契約法理の現代化」

本書の第三部は、二〇〇〇年から〇一年に著された論文を基礎とする三つの章からなる。

「第一章 ヨーロッパ統一契約法の試みと限界——ケッツ『ヨーロッパ契約法Ⅰ』が教えるもの」は、ドイツの比較法学者ハイン・ケッツの一九九六年の著作（潮見佳男＝中田邦博＝松岡久和共訳〔一九九九年、法律文化社〕）の検討を通じて、契約法の現代化のあり方を考察するものである。ヨーロッパ契約法の統一については、各国で積極論と消極論があるが、ケッツは、ヨーロッパ諸国の私法秩序の中に存在する共通性（ヨーロッパ共通私法）を追求し、その体系化を志向する。本章では、その具体的な内容も紹介されるが、著者の関心は、むしろケッツの方法論に向けられる。著者は、ケッツは、同書において、①「国内法至上主義の否定」、②「法教義学の方法論批判」、③「実務重視型の機能的契約法の構築」という三つの作業を、④「比較法の方法」に依拠して同時に行っているという。より具体的には、ケッツには、判例法の重視と法的構成の軽視が見られ、また、「法と経済学」に依拠する効率性重視の方法論が「効率的であるものが機能的である」との理解を介して機能的契約法に結びついているという。著者は、このようなケッツの特徴について、北川善太郎教授の分析を参照しつつ、批判的に検討する。すなわち、著者は、右の①には賛同するが、②については、「国内契約法の『法的構成』を残存させた上での、共通原理・準則定立を目的とした比較と、国内法ドグマの解析を担う法教義学との連携」に期待する。③④については、「法と経済学」の手法に依拠するのであれば、比較法の方法による必要はないという痛烈な批判を投じる。

本章は、今後、国際社会の中でなされることになる日本の契約法の現代化にあたって考慮すべき基本的問題を提示している。評者がやや理解しにくかったのは、「機能的」という言葉である。法教義学から切り離された実践的・機能的視点というときの「機能的」という概念と、ケッツの契約法理解の根底にあるという厚生経済学の観点からの効率性重視に伴うものとしての「機能的」という概念には、違いがあるのではないか。これは、現代の日本の一部の有力な商法学者などに見られる機能性重視論に対し、どのような対応をすべきかという問題にもつながることであり、評者としてもさらに考えてみたい。

「第二章　ドイツ債務法の現代化と日本債権法学の課題」は、二〇〇二年一月一日から施行されているドイツ債務法現代化法の立法過程を紹介したうえ、その主要な内容を二つの面での現代化という観点から検討し、日本の債権法学の課題を提示する。

第一の面は、債務不履行を理由とする帰責構造に関する現代化である。①まず、履行請求権を中心とした「債権の構造化」（請求権体系）からの訣別があるという。すなわち、履行請求権は、損害賠償請求権と並ぶ救済手段の一つとして位置づけられる。履行請求権の貫徹を妨げるのは「不能」であるが、その一場合として、「債権者の利益」を中心とする限界づけがされる点が重要であるという。②次に、債務不履行体系が「不能」を中心とする体系から「不履行」を中心とする体系へと再編されるという。債務者の行為義務を中心に考えるのではなく、債権者の契約利益を中心に考える（債務者の行為可能性を超えた負担が合意によって引き受けられることもありうる）。③第三に、債務不履行を理由とする損害賠償において、「過失責任の原則」から「過失責任と保証責任の二元的体系」への転換があるという。さらに、契約上の債務に関しては、給付障害から債務者が免責されるか否かについては「契約上のリスク分配」が決定的なものだと示唆されている点が重要だという。④債務不履行を理由とする解除については、「債務者の帰責事由」の有無を問わず、「不履行の重大性」があれば足りることになったという。⑤その結果、債務者に帰責事由のない履行不能の処理が問題となるが、結局、解除と危険負担の二制度が並存されることになったという。著者は、最後の点については疑問を投じ、危険負担制度を解除制度に統合することが適当であるという。以上から、著者は、次のような債権関係の構造化の考え方を見出す。第一に、債権者利益・契約利益を中心とした体系化、第二に、債務不履行の場合に救済手段ごとに目的に適合した要件を定立する構造（レメディ・アプローチ）、第三に、それに伴う、履行請求権の救済手段としての性質の明確化、「不能」概念の意義の後退、過失責任原則の妥当領域の縮減である。

第二の面は、消費者契約法の規律を民法に統合することによる現代化である。債務法現代化法は、従来、いくつかの特別法で規定されていた消費者保護規定や約款規制法の実体法部分を民法典に統合した。著者は、それは民法の基本原理のパラダイム転換を前提とするものではなく、自己決定・自己責任原則という近代民法典の基礎を堅持したうえで実現される「近代の上に構築された現代」であると評価する。そして、契約自由・自己決定の保障とは異質な観点からの契約正義を私法レベルで取り込むことについて検討することが今後の課題である（ドイツ債務法現代化法はこの点では示唆を与えない）という。

本章は、ドイツ債務法現代化法を、その背景事情と経過も含めて明快に紹介し、さらに日本の債権法学の課題を提示するものである。この問題提起は、極めて重要な意味をもつ。今後、日本の債権法学において、また、日本民法の現代化において、これに応えることが求められる（著者自身の対応は、既に『債権総論Ⅰ〔第二版〕』で示されている）。なお、本章では「国際的なトレンド」が重視されているが、日本においてもそれを受け入れるべきだとして、現在の債権法の体系から新たな体系への転換をする以外の選択肢はないのか、体系を考える際にドイツの債務法現代化法に見られるという債権関係の構造をより相対化することはできないか、そもそも「国際的なトレンド」とは何か、についても、今後なお議論が重ねられるべきところであろう。

「第三章　比較法の視点から見た『消費者契約法』――比較法からの『摂取』と比較法への『発信』」は、消費者契約法施行に際して組まれた特集の一部を構成する論文であり、第二部第三章と関連する。「消費者契約に妥当する包括的民事ルールと消費者契約法の原理」「契約締結過程の規律」「不当条項の内容規制」の三点について、同法の制定過程にあたっての比較法の「摂取」の仕方の問題点と、制定された同法が比較法にどのような「発信」ができるかを具体的に検討する。

本章末尾で、「(原理レベルでの再構成をも含めた) 民法の現代化の中で、今回成立した消費者契約法をも吸収して消費者契約法制を体系化・理論化する作業」の必要性が説かれる。近い将来に実現されるべき「民法の現代化」の課題がここでも示されている。

三　横断的感想

本書が二一世紀初頭の日本の契約法学・債権法学の最先端に位置し、極めて高い水準にある作品であることは、もはや繰り返すまでもないだろう。来るべき日本民法典の現代化を考える際にも、必ず参照されるべき貴重な業績である。それだけに、本書を相対化する視点が可能かどうかもまた、検討されるべきことであろう。そこで、最後に、本書全体を通じての特徴とそれについての評者の感想を三点述べ、書評の責めを塞ぎたい。

第一は、自己決定の尊重と国家の介入との調和についてである。本書においては、①情報提供義務にせよ、消費者契約における不当条項規制にせよ、基本にあるのは、自己決定・私的自治の尊重とされ、そのうえで、②「生存権保障型投資者保護公序」に基づく適合性原則の承認や、福祉社会実現のための「弱者たる消費者」の保護・支援という限定が付される。ここで問題となるのは、①と②のそれぞれの本質的根拠は何かである。①は、憲法なのか、市場原理なのか、近代法の原則（自由・平等）なのかであり、また、「意思自治」との関係はどうかである。②も、憲法なのか、福祉国家論なのか、近代法の原則（友愛）ないし社会連帯・共同体主義の思想なのか、より超越的な契約正義なのかである。そして、①②を調和させるための判断基準、及び、取引類型によって異なるのであれば類型化の基準が何かも検討課題となる。

第二は、債権法のパラダイムの転換についてである。本書では、「債権者利益（契約利益）を中心とする体系」が語られる。本書を通じて浮かび上がる債権法像は、当事者の自己決定に基づく契約が成立すると、そこで債権者の利益と将来のリスク分配が確定し、債務者は債権者の利益の実現に向けて拘束され、それが実現されない場合に備えて複数の救済手段が用意されるという構造を基本とし、その基本構造を公序良俗規範と信義則が補完するというものであろう。ここでは、当事者の意思を重視する近代的契約法が強調され、現代化は、基本構造の補完部分において実現される。これに対し、基本構造の部分でも意思以外の要素を取り込む考え方や、契約の成立の概念をより柔軟に解する考え方もありうるが、それとの優劣はどのようにして決するのかが問題となる。その際、「国際的トレンド」というだけでなく、より実質的な議論がなされるべきであろう。履行請求権を救済手段の一つと位置づける「レメディ・アプローチ」については、それによって当然に「債権の効力」という観点を放棄すべきことになるのかどうかは、なお検討を要しよう。とりわけ、契約法以外の法領域（時効、不法行為、担保、執行、倒産）をも視野に入れると、債権の効力という観点の有用性は、なお存在するのではなかろうか。なお、ドイツ債務法現代化法との関係では、その立法過程でいったんは回避された後に復活した「不能」の概念が、今後どのような役割をもつことになるのかを注目したいと思う。

第三は、本書に見られる方法論についてである。著者は、一つのテーマについて、徹底した包括的な研究をし、多様なアプローチを比較検討する。実務家による「基準探しと基準作りの作業」、商法・証券取引法の視点からの「望ましい制度設計という観点からの分析」などにも一定の評価をしつつ、著者の関心は、「大局を見極めないこまごまとした説明・解説」ではなく、対象となっている制度や概念の根底にある基本原理・思想的基盤の解明へと向かい、さらに、民法の基本原理との関係の検討へと進む。機能・効果・細目など「川下」の問題への目配りも怠らないが、著者の視点は、基本原理・思想的基盤など「川上」の問題に向けられることが多い。ケッツに対する距離を置いた評価も、その反映であろう。このような本格的な研究姿勢は、一貫した体系の構築に資すると同時に、民法の基本原理自体の検討をも促す大きな成果を収めている。ここで、あえて問題を提起するとすれば、「川上」の部分での正当化根拠が多元的にも見える点である（右の第一、第二を参照）。それを一元化するのか、または、多元的なままとするのかは、構築すべきものが一つの契約法か複数の契約法なのかという問題にも係わる興味深い点であろう。さらに、評者個人としては、基本原理に到達すると同時に生じる可能性のある、演繹へと向かう強い力を、どのようにして適切に制御するのかにも関心がある。

本書が日本の契約法学・債権法学にもたらした寄与の大きさを改めて思いつつ、これを同時代に読める喜びを多くの人々が共有されることを、評者は期待する。

〔後記〕二〇二二年八月一九日、潮見佳男教授が逝去された。知らせを聞いて呆然とするとともに、はかりしれない喪失感に襲われている。

（民商法雑誌一三三巻二号〔二〇〇五年一一月〕一四一頁）

〔書評〕

奥田昌道『紛争解決と規範創造——最高裁判所で学んだこと、感じたこと』（有斐閣、二〇〇九年）

三葉の写真

本書には、カバー裏の一葉のほかに、著者の写真が三葉掲載されている。最高裁判事を定年退官される直前、アシックスのランニング・ウェアで楽しそうに微笑んでおられる「退官送別ラン」のときの写真、最高裁判事就任から半年目、法服を着用しちょっと緊張気味の写真、大学教授に戻られた後、背広姿で力強く講演をしていられる写真。硬めの雰囲気の書名を見て本書を手にされた読者は、冒頭の笑顔に、びっくりなさるかもしれない。

著者は、著名な民法学者である。京都大学で於保不二雄教授の下に研究を開始し、ドイツ留学を経た後、『請求権概念の生成と展開』（一九七九、創文社）を公刊した。実体法体系の確立という観点から、ローマ法の「アクチオ」に代わる「請求権」概念をドイツ学説が定立したことの意義を検討した名高い研究書である。また、『債権総論』(一九八二・一九八七〔分冊〕、筑摩書房。一九九二〔合冊増補版〕、悠々社)は、傑出した体系書として揺るぎない評価を得ている。京都大学法学部長も務めた後、一九九六年に定年退官し、京都大学名誉教授になられた。つまりは、純粋の大学人であり研究者である。

その著者が一九九九年四月から二〇〇二年九月までの三年半の間、最高裁判事として過ごした経験を語るのが本書である。

本書は三部から成る。「第一部 最高裁判所判事の日常」「第二部 印象に残る事件と判決」「第三部 これからの学者、法曹、学生に対するメッセージ」で、さきほどの三葉の写真が各部を飾る。

最高裁判事の生活

最高裁判事は一五人いる。その出身は、近年では、裁判官六名、弁護士四名、検察官二名、行政官、外交官、大学教授各一名であることが多い。法曹出身者にとっては、それまでの仕事の延長かもしれないが、大学から最高裁に移った奥田裁判官にとっては、そこでの生活は新鮮である。教育・研究・行政・学外の公的活動など様々な仕事を抱えつつも時間配分は比較的自由な大学生活とは対照的な、裁判の仕事に専念する規則正しい生活が始まる。勤務時間は、月曜日から金曜日まで朝九時半から夕方五時まで。曜日ごとに事件についての評議・審議、法廷、裁判官会議などが決まっている。それ以外の時間は執務室で事件を検討し処理する。これだけだと、それほどの負担ではないとの印象を与えかねないが、そうではない。退庁し、宿舎に戻った後、夜も持ち帰った仕事を続行する。週末は隔週で京都に戻るが、戻らないときは土曜日の終日と日曜日の午後の一部を仕事にあてる。事件は専門外のあらゆる分野にも及び、責任は非常に重い。激務というほかない。

奥田裁判官は、その中で楽しみを見つけ出す。仕事のうえでは、調査官との議論に。自由時間では、毎朝のジョギングと昼休みの秘書官との投球練習に。ジョギングは退官後も続く「皇居を走る会」へと発展し、投球練習は東京地裁の裁判官野球クラブへの参加につながっていく。この輪の広がりは、著者の誠実で暖かいお人柄を知る者にとっては、ごく自然なことに感じられる。

ここでは、また、最高裁にやって来た民事事件について、判断がされるまでの実際のプロセスが明らかにされる。事件の配分、分類、調査官の報告書、調査官との意見交換、そして裁判官の審議。最高裁での仕事の流れが具体的なイメージを伴って示される。

最高裁の判断の仕方

続いて、著者が審議に関わった事件のうち十数件の民事事件について、審議の経過と感想が語られる。これが本書の主要部分である。取り上げられるのは、例えば、①抵当不動産の不法占有者に対する抵当権者からの明渡請求事件、②「エホバの証人」への輸血事件、③交通事故と医療事故が重なって被害者が死亡した事件、④ダイヤルQ2通話料金請求事件、⑤乳房切除術事件、⑥債権譲渡担保に関する二つの事件、⑦宅地並み課税がされた農地の小作料増額請求事件。いずれも各年度の重要判例であって、「民法判例百選」などに収録されたものもあり（①③⑥）、法科大学院や法学部の学生の段階でも身近なものが多いだろう。このほか、⑧年少女子の逸失利益の算定基準という、最高裁としては今後の問題も取り上げられる。

著者は、これに先立って最高裁の判断過程における二つの観点を示す。一つは、具体的争訟について、正義衡平にかなった具体的妥当性をもつ処理をすることである。もう一つは、新たな法理・法解釈を示すことである。本書の書名である「紛争解決」は前者に、「規範創造」は後者に対応する。「紛争解決」については、著者は「事実も主張も証拠もほぼ同じであるのに、一審と原審とで結論が逆になっている場合」には、特に注意深く検討する。著者はまた、判断をするにあたって、その事件の訴訟の構造や経過に注目する。裁判所は、訴訟の当事者が誰か（③）、当事者がどのような主張をしているのか（①③④）によって拘束を受ける。このことは、裁判官や手続法学者にとっては自明であろうが、実体法学者が軽視しがちな点である。その訴訟の経過（最高裁がある法律構成をとると当事者に訴訟を一からやり直させることになってしまうが、それが妥当ではないこと）を考慮し、最高裁としてどう対処すべきかを悩む姿からは、紛争のただ中にある当事者への深い洞察が伺われる（①）。

「規範創造」については、信義則や権利濫用法理を安易に用いるのでなく、より具体的な下位原理・下位法理を探索すべきこと、既存の法理では適切妥当な解決をどうしても導けない場合には新しい法理・法解釈を大胆に示す責務が最高裁にはあること、が述べられる。そのうえで、新たな判断について、それを示すにふさわしい時期（⑧）、それを示すべき事案の選択（⑥）、示す方法（①）が、具体的事案に即して明らかにされる。正面から示すのではない場合でも、「なお書き」（①）、事例判断（⑤）、不受理決定（⑧）に込められた思いがあることが、本書から直截に伝わってくる。そして、最高裁判例の射程については、慎重な検討がされるという。学説では、判決の射程を厳密に限定してとらえるべきだと強調するものがあり、本書でも、具体的事案との関係で射程範囲に注意を促すところもある（③）。しかし、本書の特徴は、むしろ最高裁判決のもつ事実上の影響力や波及効果を十分に認識したうえ、それについての配慮の仕方を述べる点にある（④）。その配慮は、判決文の一言一句に及ぶことはもとより、判決後の公表のされ方などをも視野に入れてなされる。その判決が公式判例集（民集）に登載されるかどうか、「判示事項」や「判決要旨」をどうするのか、調査官解説の内容がどのようなものになるのかは、いずれも裁判をする裁判所が決めることではない。しかし、それらを見越しつつ、最高裁として可能な限りでの判断を示していることがわかる。

両者を通じて、裁判官の思考過程が述べられていることも興味深い。価値判断と理論構成との関係が具体的に描かれている部分（②⑦）を読んで、この有名なテーマについて改めて思いをめぐらす人も多いだろう。また、奥田裁判官が当初の考えを調査官との議論を経て改めていく過程が率直に語られる部分（⑥）は、印象的である。ここからは、むしろ著者の高い学識と人格が浮かび上がってくる。それは、「調査官裁判」というかつてあった批判が想定した像とは対極的なものである。

著者のメッセージ

本書は、後進の学者・法曹・学生に向けられたメッセージで締めくくられる。学者に対しては、最高裁の判断が示されるまでの審議過程を知り、また、裁判所が手続法上の制約を受けた上で判断を示していることを前提として、判例の意図や意義を正確に理解することを求める。また、「制度の歴史的、体系的、内在的理解を助けてくれる研究論文」が裁判所にとって有用であるという。法曹（民事の裁判官・弁護士）に対しては、「天職としての自覚」をもつことを期待する。学生（法科大学院生）に対しては、「視野を広げ、目先のことにとらわれることなく、将来に活きる学習を心掛けて」ほしいという。

このほか、法科大学院についての所感も述べられる。長年の大学人・研究者としての法学教育論に、最高裁判事を経験したことによる実務への配慮が加わった複眼的なものとなっている。

いくつかの感想

最後に、評者の感想をいくつか述べたい。

第一に、本書は、様々な人にそれぞれ有益な情報を提供していると思う。法律を専門としない人々にとっては、最高裁判所や最高裁判事という抽象的で縁遠い存在を身近で具体的なものとして認識するための最良のガイドとなる。日本では、最高裁判事の氏名を知っている人はごくわずかであり、総選挙の際の国民審査で印刷された氏名を記号として眺めるというのが普通かもしれない。しかし、最高裁判事は、私たちの生活にも関わる重要な判断をしている。その職責にあるのが、どんな人で、どんな生活をし、判断をするにあたってどのように考えたのかを知ることは、好奇心を満足させるだけでなく、法や司法に対する関心を一段と深めることにもなるだろう。まずは、本書第一部を読んで奥田裁判官という生身の人間を知ったうえ、第二部のうちの「エホバの証人」輸血事件（②）や乳房切除術事件（⑤）を読んでみられると良いと思う。次に、法科大学院や法学部の学生にとって、本書第二部は、珠玉の教材である。例えば、抵当権大法廷判決（①）は、どの学生も知っているはずだが、判決に至る裁判官の考察や判決文の正確な意味を本書から学ぶと、目を開かれる思いがするだろう。法曹（民事の裁判官・弁護士）にとっては、一人の最高裁判事がどのような観点から原判決を吟味し、判決に至る考察を経たのか、また、最高裁での審議がどのようにして行われるのかを知ることにより、各人の執務に具体的な示唆を得、また、将来の判例を予測するための視点を得ることができるだろう。最後に、民事法研究者にとっては、本書は、最高裁の判断の形成過程と判決文の正確な読み方を内側から教えるものである（もっとも、判決文の表現技術があまりにも高度に発達することについては、苦心の成果であるとはいえ、内向きの思考にならないよう意識し続ける必要があると思う）。

第二の感想は、本書が民法に関する事件のみを取り扱っている点についてである（郵便法違憲判決や国際私法に関する事件もあるが、民法にも関連する）。最高裁判事を経験した学者や弁護士によるこれまでの著作（伊藤正己『裁判官と学者の間』〔一九九三、有斐閣〕、大野正男『弁護士から裁判官へ』〔二〇〇〇、岩波書店〕、滝井繁男『最高裁判所は変わったか』〔二〇〇九、岩波書店〕など）では、憲法・行政法・刑事法の事件についての論述の比重がかなり大きい。それは専門分野（伊藤教授は英米法）や弁護士としての経験を反映するものであろう。それに対し、本書は、やや地味な印象を与えるかもしれない。これは、著者の謙抑的な姿勢の現れとも見える（著者が専門外の分野の事件に費やした労力は大変なものであり、裁判所への寄与も決して小さくなかったと想像されるのに、あえて収録しない）。しかし、評者としては、これには、著者があくまでも民法学者として本書を執筆されたという、より積極的な意味があると理解する。

そこで、第三の感想は、著者の遥か後方を歩む民法研究者としてのものになる。本書を読んで、判例評釈をするにあたり、判決文を細心の注意を払って正確に読むことの重要性を再確認した。その上で、研究者のする判例評釈の意義は何かを改めて考えた。最高裁判事と調査官の高度で膨大な知的作業を前にして、自分には、いったい何ができるのだろうか。外国の制度の研究については、本書で既に具体的な示唆がある。それ以外に何があるのか。ヒントは、研究者は事件から離れていること、遠くから判決を眺めることができる立場にあることにあると思う。その立場から、判決文の行間に込められ、あるいは、判決文以外のところに反映されているかもしれない最高裁の思いを忖度しつつも、しかしあくまでも判決文自体を対象として、それを客観的かつ綿密に読み込むこと。そして、そこで曖昧であったり軽視されている点について新たな視点を提供し、必要があれば思い切った批判をすること。それが裁判官や調査官を納得させ、次の判例形成に寄与するものであること。実は、これは奥田教授が最高裁に入る前にされていたことである（無権代理人の本人相続における本人の生前の追認拒絶の意義〔リマークス一九九四〈上〉一八頁〕、宅配便の約款の効力と第三者たる目的物所有者との関係〔判評四八一号三一頁〕など）。判例「評釈」が大変な力量と努力と覚悟を要する仕事であると改めて感じながら、そのような作品をめざしたいと思った。

最後に、本書は奥田教授だからこそ書くことができたのだと思う。最高裁の審議や裁判官の思考過程について、もちろん表現や刊行時期に細心の注意が払われてのことではあるが、ここまで踏み込んで書くことは、著者の高い学識と人格と使命感をもってして初めて可能なことであったと考える。学識については、繰り返さない。人格については、冒頭の三葉の写真をつなぐ「樹木の根っこ」にある内なるキリストについて語られ、困難な質問に誠実に対応されているシンポジウム記録（北大法学論集六〇巻三号〔二〇〇九〕六一頁以下）を補足して紹介するに留める。使命感は、厳しくかつ暖かい教育者としてのそれである。本書によって著者が伝えたいと願われたことを、貴重な贈り物として受け止めたい。

（書斎の窓五九五号〔二〇一〇年六月〕五二頁）

〔NBL「この論文」〕

星野英一ほか「座談会　代理店・特約店取引の研究(1)〜(17)」

（NBL一三八号六頁〜一六三号二〇頁〔一九七七年〜七八年〕）

〔前注〕　本稿は、NBL一〇〇〇号記念として、それまでに同誌に掲載された諸論稿のなかで「自らが影響を受けた、ないしは、斯界に影響を与えたと思われる」ものを、各分野で分担して紹介するという企画に応じたものである。契約法分野における作品として、表題作を選んだ。

一　本連載の内容

1　その概要

「代理店・特約店取引の研究」は、本誌〔NBL。以下同じ〕一三八号から一六三号にかけて一七回にわたって連載された座談会である。時代は、一九七七年六月から七八年六月——戦後の高度成長期が終った後、第一次石油危機と第二次石油危機の間、バブル景気の一〇年ほど前の頃である。座談会の中心となるのは、星野英一（東京大学教授、民法）、谷川久（成蹊大学教授、商法）、岩城謙二（ゼネラル石油法務部長）の三氏（肩書は当時）。三人とも五〇歳前後の働き盛りである。

冒頭に、この連載の背景と趣旨の説明がある。商事法務研究会では、一九七〇年以降、星野・谷川両教授を中心に、岩城氏など多数の実務家の参加を得て、代理店契約・特約店契約の実態を調査してきたが、その作業が終わったので、調査結果を法的に分析し、さらに具体的な契約に反映させるにあたっての問題点を検討したい、ということである。

連載の前半の七回は、三氏の鼎談である。代理店取引・特約店取引と呼ばれるものが曖昧でとらえにくく、既存の典型契約を当てはめてもうまくいかない、という問題意識を出発点にして、典型契約の意義・機能を中心に、契約解釈、任意規定、継続的契約の解消などについて活発な意見交換がされる。話題は、法学教育、弁護士の役割にも及ぶ。後半の一〇回は、この三氏が商社法務部勤務の「X氏」をゲストに迎え、商社取引の実態について意見を交わす。国内取引・国際取引・三国間取引における商社の機能の検討という枠組みのなかで、代理関係、売買・委託の選択、売主の担保責任などについて、法的構成と取引の実態とのずれが指摘され、検討される。

2　後続の座談会

本連載では、引き続き商社取引以外の実態の検討に進むことが予定されていたが、第一七回で中断した。しかし、一年半後の座談会「わが国社会における契約観」（本誌二〇〇号〜二〇四号〔一九八〇〕。

以下「八〇年座談会」という）が本連載を受け、さらに深めている。この座談会は、上記の三氏に柏木昇氏（三菱商事法務室〔当時〕）など企業法務家や弁護士が加わり合計七名で行われた。冒頭、司会の星野教授から、日本における契約観と契約慣行が前近代的で遅れたものだという評価（川島武宜『日本人の法意識』〔一九六七〕）に対し、そうではなく、それはヨーロッパ的な契約観と並ぶ、一つの契約観の型をなすものではないかという問題提起がされる。これに対し、実務家から様々な意見が出る。やはり日本の契約観は遅れているというもの、アメリカの契約観と対比するもの、力関係を強調するものなどである。また、日本における長期的関係の重視、紛争発生時における契約書の機能、企業の締結する契約における弁護士の役割などが検討される。そこでは、川島教授の示した契約観とも、星野教授の批判とも完全に重なるのではない、取引実務における信頼関係の重視と明確な契約書への志向が示唆されている。

3　参加者が本連載に期したもの

本連載にあたっての三氏の問題関心は微妙に異なる。司会の岩城氏は、鼎談の冒頭、最終的には代理店・特約店取引契約書の標準化という成果が期待されるという。谷川教授は、「商取引法」の観念の定立とその観点からの商行為法の現代化に関心をもつ（谷川久「商取引法（学）の前進のために」本誌一二一号〔一九七六〕四頁）。星野教授は、継受された契約法と日本社会における法との乖離、また、書かれた契約法と現実社会における契約法との乖離に関心があり、八〇年座談会では、日本における契約観への関心を正面に出している。三氏の関心は、それぞれ本連載の歴史的位置づけにかかわるものとなる。

二　本連載の歴史的位置づけ

1　契約書の標準化

岩城氏が契約書の標準化に言及するのは、本連載が先行研究の延長上にあることを背景にしている。星野英一＝谷川久「標準動産売買約款の研究」(商事法務研究二四五号〜二八九号〔一九六二〜六三〕)である。これは、現実に用いられている契約書式を収集し、様々な業界の担当者の参加も得て、標準的な動産売買契約書(単発型と基本契約の二種)を作成したものである。民商法の研究者と企業法務家との協力の成果は、学界にも実務界にも大きなインパクトを与えた。

本連載はこれを受けたものだが、結局、参加者が代理店・特約店取引の標準契約書を作成するには至らなかった。しかし、代理店・特約店取引という取引類型の存在とそこでの主要な問題点は、広く認識されるようになった(岩城謙二「代理店・特約店契約」遠藤浩ほか監修『現代契約法大系第4巻』〔一九八五〕一頁)。また、海外代理店、フランチャイズなど、特定の種類の取引について標準的契約の検討が進み、関連する海外の私法的規律(最近のものでは、DCFR IV. E.〔二〇〇九〕)にも関心が向かうようになる。

2　商取引法学の発展

谷川教授は、商法典に規定された商行為法が現実の取引における問題に十分対応できていないとの認識から、現実の商取引を対象とする研究の発展に期待を寄せていた。本連載は、これを促進するものでもあった。その後、一九九〇年代初頭に公刊された江頭憲治郎『商取引法』（上巻初版一九九〇、下巻初版一九九二。第二版一九九六から合冊）は、まさにその期待に応えるものである。

3　継受法・固有法・実務法

星野教授は、日本の契約観は近代法に対し遅れているという評価に対し、一方で企業取引の実態を分析することにより、他方で契約思想・契約法についての歴史的・比較法的研究をすることにより、正面から批判した。

取引実態の調査に基づく契約法研究としては、本連載に先立つものとして、北川善太郎『現代契約法Ⅰ・Ⅱ』（一九七三・七六）、来栖三郎『契約法』（一九七四）がある。前者は、本誌創刊号以来の連載を中心とするもので、企業取引における現実の問題を探究し、それを契約法理論にフィードバックさせようとした試みであり、後者は、様々な取引実態の調査の結果を契約法各論の体系書に反映させたものである。本連載及び八〇年座談会は、これらと共通する面があるが、契約法のより基層的な部分についての考察を促すものであった。

本連載後の動きとしては、次のものがある。まず、契約観については、八〇年座談会を踏まえて日仏の比較がされ（日仏法学会編『日本とフランスの契約観』（一九八二））、その後、日米の比較（「共同研究・継続的取引の日米比較」として本誌六二七号〜六六九号（一九九七〜九九）に連載）、多数の国々の比較（加藤雅信＝藤本亮『日本人の契約観』（二〇〇五））がされた。現在では、日本的契約観・契約慣行の非近代性という単純な図式は、ほぼ克服されたと思われる。理論面では、西欧近代大陸法の意思主義的契約法を相対化したうえ、「契約正義」を中心問題として設定するもの（星野英一「契約思想・契約法の歴史と比較法」同『民法論集第六巻』（一九八六）二〇一頁〔初出一九八三〕）、近代的契約法と並ぶ「関係的契約法」を提示するもの（内田貴『契約の再生』（一九九〇）、同『契約の時代』（二〇〇〇））が現れた。また、個別的な契約を超える継続的取引・複合的契約や、物ではなく役務提供を目的とする契約に関する研究も発展した。取引実態を踏まえた契約法の共同研究としては、一九八三年に星野教授を座長とし、中堅・若手民法研究者と大学に移籍した岩城教授が参加する約款法研究会（後に、現代契約法研究会と改称）が設けられ、企業と消費者との取引をも対象とする研究を進めた（「現代契約法の諸問題」として本誌四六九号〜四九三号（一九九一〜九二）に連載）。その後もいくつかのグループの共同研究が進められている。

三　本連載の現代的意義

以上のように、本連載は、法典の規定の解釈をするのでも、日本的契約観の確認をするのでもなく、企業取引の実態に示唆を得て契約法の再考へと向かうものであり、以後の研究と実務の発展のための重要な契機となった。また、専門を異にする複数の学者と優れた企業実務家の協力による成果という意味でも画期的なものであった。

もっとも、その後の変化は大きい。社会においては、取引の情報化・電子化・国際化が進み、規制緩和があり、終身雇用制が崩れて労働者の流動性が高まり、司法制度改革により弁護士数が急増した。また、大立法時代を迎えた。民事法の分野で、基本法の大改正や特別法の制定が行われ、詳密な新法ができた。契約実務においても新しい制定法の解釈に関心が向かう。一方、企業間ではしばしば非常に精緻な契約が作成されるようになる。契約法は、企業間のものと企業・消費者間のものとに分化し、前者については、民法学者ではなく、商法学者や大規模法律事務所に所属する弁護士が議論を牽引する。そして、民法学では、一九九〇年代に入り、契約自由を強調する立場が台頭し、前記の社会的変化に適合的なものとして浸透していく。

これらの変化を経た現在、本連載にはもはや歴史的意義しかないのだろうか。私は、それはなお現代的意義をもつと考える。書かれた法と実態との乖離は、どの時代においても、常に生じる現象である。本連載は、一九七〇年代後半の日本におけるその現象を示したものだが、その際、表層的な分析や安易なレッテル張りをするのではなく、契約法の最も基本的な問題に関心を向けさせる内容のものとなっていた。たとえば、典型契約の意義（その諸機能。また、内容面での典型のほか構造面での典型とその変容の分析――二当事者間で事前に性質決定がされた一個の契約が締結されるという典型的構造と異なる構造をもつ契約への関心）、契約自由と契約正義との緊張関係、企業間契約と消費者契約に分化する傾向の中での両者を統合する単一の契約法の可能性などの問題である。その結果、それは、近代的契約法を相対化した、現代契約法の構築を促すものとなった。本連載及び八〇年座談会は、それゆえ、現在、進められている民法（債権関係）改正についても、その基層における問題を提起し続けている。

（NBL一〇〇〇号〔二〇一三年五月〕二九頁）

〔法学教室プレイバック――あの特集、あの連載〕

民法分野

〔前注〕本稿は、法学教室創刊四〇周年を記念して、それまでに同誌に掲載された特集・連載のなかで「いまの学生読者に読んでほしい」ものを、各分野の研究者が自己の専攻分野及び他分野から選んで紹介する、という企画に応じたものである。

民法分野での本誌（法学教室。以下同じ）の連載には、後に書籍化され、大きな影響を与えたものが少なくない。教科書なら、森島昭夫『不法行為法講義』（一九八七。法教〔以下略〕一四号～五九号）、淡路剛久『債権総論』（二〇〇二。一六三号～二五二号）、森田修『債権回収法講義〔第二版〕』（二〇一一。初版二〇〇六。二八三号～三〇〇号）、安永正昭『講義物権・担保物権法〔第三版〕』（二〇一九。初版二〇〇九〔後に第四版二〇二一〕。三〇七号～三三〇号）、窪田充見『家族法〔第四版〕』（二〇一九。初版二〇一一。三三一号～三五八号）は、その時代の読者に、そして、その後の時代の読者にも親しまれてきた。一歩踏み込んだ考察をするものとして、加藤一郎『民法ノート（上）』（一九八四。一号～三二号のうち一五号まで）、幾代通『民法研究ノート』（一九八六。四三号～六二号）、大村敦志『もうひとつの基本民法Ⅰ・Ⅱ』（二〇〇五・〇七。二五九号～二八二号・二八九号～三一二号）、森田宏樹『債権法改正を深める』（二〇一三。三五五号～三七八号）も忘れられない。森田修『「債権法改正」の文脈』（二〇二〇。四二七号～四六二号）という大作もある。複数の執筆者によるものでは、星野英一編『判例に学ぶ民法』（一九九四。一二七号～一五〇号）、磯村保＝鎌田薫＝河上正二＝中舎寛樹『民法トライアル教室』（一九九九。一五一号～一七三号）、池田真朗＝吉村良一＝松本恒雄＝高橋眞『マルチラテラル民法』（二〇〇二。一七五号～一九九号）は、ゼミなどでも用いられ、刺激を与えた。これらについて語りたい気持ちは抑えがたいが、読者は、教科書として、あるいは、図書館などで、接する機会もあるだろう。ここでは、本誌でしか読むことのできない作品をとりあげたい。民法分野では四半世紀前のものを二点、民法以外の分野ではもう少し近い時期のものを一点選んだ。

一　歴史のなかの日本民法学

――「〔連載〕日本民法学者のプロフィール」（一七五号～一八六号〔一九九五～九六〕）

民法施行一〇〇周年（一九九八年）を控えたこの時期、明治から昭和にかけて活躍した一二名の日本民法学者のプロフィールを描く連載がされた。企画の趣旨は、星野英一「連載の始めに」（一七五号）に示されている。学者を日本の民法学史のなかに位置づけて眺めること、逸話などを挟んで興味深い読み物にすること、時代を現在から過去へと遡って掲載することにより現在の読者にも興味深いものとすること、である。民法学史については、これより早く、星野英一「民法講義――総論(8)～(11)」(八号～一一号)が、第二次大戦前を三期、戦後を一期とする時代区分を提示し、各時期の傾向と主要な学者を紹介していた。本連載では、そのなかから一二名が取り上げられた。初回は中川善之助(泉久雄)、第二回は我妻栄(星野英一)と続き、第一一回の梅謙次郎(森田宏樹)と第一二回の富井政章(大村敦志)で閉じられる(括弧内は執筆者)。

各回わずか二頁ながら、執筆者の費やしたであろう労力が膨大であることが伺われる。執筆者は、しかし、軽やかに、それぞれの学者の生涯と、主要業績と、その研究の特徴を、歴史のなかに位置づけつつ、「逸話など」によりその人柄を示す。そのエッセンスが各回の副題となる。たとえば、末川博は「民法学における『権利』論の道標」(中井美雄)、穂積重遠は「日本家族法学の父」(西原道雄)、中島玉吉は「京都学派の創始者」(前田達明)と記される。石坂音四郎を「日本民法学の山脈における最高峯」とする思いのこもった副題(石田喜久夫)もあれば、末弘厳太郎を「日本民法学史の自作自演者」、岡松参太郎を「法比較と学理との未完の綜合」とするひねった副題(いずれも和仁陽)もある。「家制度否認論の先駆者」という副題(中川淳)を目にした読者は、岡村司とはどんな人なのだろうと関心を抱くことだろう。どの回も、偉大な学者の業績を称えるだけのものではない。たとえば、鳩山秀夫の回で、執筆者(能見善久)は、その学問の論理と体系、日本的特徴、そして、その限界を示したうえ、それは現代的な問題でもあると指摘する。

この連載を読み返し、一二名の学者の足跡を再認識するとともに、それを紹介する一一名の学者の腕の冴えにも魅了された。二一世紀に入り、民法の改正が進んだ今、現行民法の規定さえ知っていればよいのであり、昔の人のことなど関係ないと思う読者もいるかもしれない。しかし、現在の規定を真に理解するためにも、そして、将来、現在の民法の改正をしようとするときにも、明治以来の先人の歩みを知ることは無意味ではない。だいいち、とても面白い。

二　講演録から知る民法研究者の考え方
――奥田昌道「〔特別講義〕物権的請求権について」(一九八号〔一九九七〕)

講演録が本誌に掲載されることが、かつてはしばしばあった。有斐閣の主催する講演会の記録は「法学講演」、それ以外の場でのものは「特別講義」と呼ばれたようだが、厳密な区別かどうかはわからない。民法関係だと、加藤一郎「民法の解釈と利益衡量」(二五号)、広中俊雄「民法第一条の機能」(一〇九号)、平井宜雄「不法行為における『過失』の意義」(一二三号)、奥田昌道「請求権競合問題について」(一五九号)のように、講演者の研究に深くかかわるテーマもあれば、星野英一「民法の学び方――各段階における」(一八七号・一八八号)、米倉明「民法典一〇〇年の光と影」(二三二号~二三四号)のように、大きなテーマで語られることもある。インターネットが広く普及する前の時代、学生は、高名な学者であっても、自分の大学以外の人だとその顔さえ知らないことが多かった。講演会は、直接、本人の謦咳に接することができる貴重な機会であり、その雰囲気を残したまま顔写真もつけて掲載する講演録は、人気があった。ここでは、その一つとして、奥田昌道「物権的請求権について」を紹介したい。

この講演は、一九九六年六月に早稲田大学で行われた。講演者は、当時六三歳。その年の三月に京都大学を定年退官し、鈴鹿国際大学で教鞭をとっていた。三年後に最高裁判事になることは、もちろん本人も知らない。

最初にレジュメが掲載され、設例が示される。A所有の甲地とB所有の乙地が隣接している。両土地の間には二メートルの段差がある。大雨のため、甲地の地盤がゆるみ、甲地上のA所有の庭石と土砂が乙地上に崩れ落ちた。――物権法を勉強した人ならだれでも知っている、しかし、なんだかもやもやしているなあと感じる問題である。講演者は、冒頭、この問題に長年関心をもっているけれども、このレジュメができたのは締切直前の朝の五時ごろだった、講演会の依頼を受けると、最後の最後まで考えがまとまらず、自分が納得できないと納得できるまで考えてしまう、それは自分の一つの喜びでもある、と打ち明ける。そのうえで、演題について、順を追って検討する。その間、恩師の学説から、夭折した若手研究者の学説まで、いくつかの見解に向き合い、自らの考えを一歩一歩進めていく。そこで示されているのは、「結論の妥当性ということよりも、どういうプロセスを通ってそういう結論にたどり着くのか、たどり着くに当たっては、どんなことをいろいろ考慮していかなければならないか」である。読者は、途中で挟まれる、「のけなさい」とか「よっこらしょ」という言葉に、ほっこりしつつ、もはや聴衆となった気分で、引き込まれる。読み終えると、このテーマについて理解が深まったと感じるだけでなく、ひとりの研究者の思考方法をたどったことに気づき、大学で学ぶというのはこういうことなのだと実感する。

知識の効率的吸収に追われる現在の学生からみると、のどかな時代だと感じられるかもしれない。所有者不明土地問題を契機とする「他の土地等の瑕疵に対する工事」に関する審議が、このテーマに新たな論点をもたらしてもいる（法制審議会民法・不動産登記法部会資料56、第1、4、同59、第1、4、同62―2、第1部、第1参照）。しかし、なお、四半世紀前のこの講演を追体験する読者のなかには、心に豊かな響きを感じる方がきっといるだろう。その方は、奥田昌道＝佐々木茂美『新版債権総論上巻』（二〇二〇）巻頭の二人の著者の言葉にも目を通されるといいと思う。

三　民法学にとっての民事執行法・保全法
――上原敏夫「〔連載〕判例に学ぶ民事執行法・保全法」（三三七号～三四八号〔二〇〇八～〇九〕）

民法と倒産法とに関連するテーマは少なくない。譲渡担保、所有権留保、詐害行為取消権、相殺、債権譲渡、未履行双務契約など、平時の規律と倒産時の規律の両面から論じられる。それに対し、民事執行法・保全法は、少し馴染みがうすい。しかし、考えてみると、民法の規律の内容が判決手続等を経て実現されるうえで、民事執行法の規律は重要だし、担保法と執行法・保全法は隣接してさえいる。実際、この分野に取り組む民法研究者の優れた業績もある。とはいえ、私にとっては執行法・保全法のハードルは高く、そのため、この連載が始まったとき、とても嬉しく思った。

著者は、『債権執行手続の研究』（一九九四）や『団体訴訟・クラスアクションの研究』（二〇〇一）など、学界をリードする研究を続けているが、多くの読者にとっては、『民事訴訟法〔第七版〕』（二〇一七）や『民事執行・保全法〔第六版〕』（二〇二〇）の筆頭共著者として知られていることだろう。

この連載では各回にテーマが設定され、合計二四件の判例が取り上げられる。民法の側から眺めると、テーマには、①民法の規律を具体化するもの、②民法の制度と対比しうるもの、③民法の議論に示唆をもたらすものがあるようである。①は、不執行の合意がある場合、判決主文にはどう記載するのか、強制執行が開始されたら債務者はどのように争うのか（三三七号）、あるいは、短期賃貸借制度（平成一五年改正前民法三九五条）・建物明渡猶予制度（民三九五条）と不動産引渡命令の関係（三四一号）、②は、たとえば、債権者代位権と差押えの対比（三四六号）、将来債権譲渡と将来的に金額が変動しうる債権の差押えの対比（三四七号）、③は、担保権実行による買受人の所有権取得（民執一八四条）と所有権を失う者の救済（三四四号・三四五号）、あるいは、不作為を命ずる債務名義に基づく間接強制の要件と不作為債務の不履行の構造（三四八号）である。

この連載で興味をもった読者は、連載後に現れた判例にも関心が向くことであろう。たとえば、抵当権設定、滞納処分による差押え、賃借権設定、担保不動産競売と進んだ場合に買受人への引渡命令を認めない判例（最決平三〇・四・一七民集七二巻二号五九頁）を読むとき、短期賃貸借の場合と建物明渡猶予の場合との区別の可否について、考えをめぐらすに違いない。また、通行地役権の承役地に設定された抵当権の実行により所有権を取得した買受人に対し、登記なく地役権を対抗できるのはどんな場合か（最判平二五・二・二六民集六七巻二号二九七頁）については、民法一七七条の規律と民事執行法一八八条・五九条二項の規律のいずれをも視野に入れる必要があることを、ごく自然に感知することだろう。

＊　　＊　　＊

本稿の執筆にあたって、どの作品を取り上げるべきか、本当に迷った。言及できなかった魅力的な連載・特集がたくさんある。個人的な愛着のあるものも少なくない。今回、紹介したのは、現在の読者が過去の作品に意外な新鮮さを見出されるかもしれないと思って選んだ、そのわずかな例にすぎない。

（法学教室四八六号〔二〇二一年三月〕四九頁）

Ⅳ 研究室の外での発言

ビジネスに生きる民法

〔前注〕本稿は、二〇〇六年六月二二日、司法研修所の特別研究会（裁判官研修）においてした講演の記録である。後記刊行物に掲載された段階で最小限の注を付したが、講演記録という性質上、引用文献はごく一部のものに限り、引用方法も簡略にし、判例掲載誌の記載も割愛した。その後の内外の法の変化についても、わずかな追記・補注のみにとどめる。筆者によるその後の関連するものとしては、中田「債権法における合意の意義」新世代法政策学研究八号（二〇一〇）一頁〔同『私法の現代化』（二〇二二）所収〕がある。

一　ビジネスに民法は生きているのか

1　民法学者が活躍した時代

この春、研修所から、裁判官の方々にお話をするようにというご依頼がありました。とても光栄なことですし、喜んでお引き受けしました。ところが、頂きましたテーマ「ビジネスに生きる民法」について、ベテラン裁判官の皆様に何をお話ししたらよいのか、実際に考え始めますと、これは大変なことだと気がつきました。さらに、今回の特別研究会の日程表を頂き、ビジネスの最先端に関するプログラムを拝見していますと、私一人がつまらない話になるのではないかと、次第に気が重くなってきました。といいますのは、そもそも、現在、ビジネスに民法は生きているのだろうか、と考えてみますと、それほど自信をもてる状態にはないような気がしてきたからです。

かつては、そのような疑問自体をもたないで済んだと思います。一九六〇年代から七〇年代にかけて、民法学者がビジネスの実態に着目し、華々しい研究成果を納めたことがあります。いずれも、民法典に規定された契約法と現実の社会における取引実務との乖離を自覚し、生きた契約法を研究対象としたものです。代表的な三人の学者の研究を簡単に振り返ってみます。

第一は、東京大学の星野英一先生の研究です。星野先生は、ご自分の研究の一領域として、契約実務に関心をもってこられました。初期の研究の一つとして、一九六〇年代初めに商法の谷川久先生と一緒にされた標準動産売買約款に関する研究(1)があります。その成果も踏まえて一九六六年に著された論文「現代における契約(2)」は、今日でも、民法研究を志す者にとっての必読文献となっています。星野先生は、その後も、企業実務家の方々との共同研究などを通じて、契約実務の研究を続けられました。もっとも、星野先生の関心は、実務上の具体的な問題の解決よりも、むしろ思想的な面が中心になっています。契約思想や契約観念について、日本と外国を比較したり、歴史的な変遷を検討する研究を深められています。その成果が一九八〇年代前半に著された「日本における契約法の変遷」と

「契約思想・契約法の歴史と比較法」という論文[3]です。これも、やはり必読文献となっています。

第二は、京都大学の北川善太郎先生の研究です。北川先生は、積極的債権侵害、瑕疵担保、契約締結上の過失など契約法の理論的研究から研究生活をスタートされ、一九六三年に『契約責任の研究』という最初の本を出されました。しかし、その後、社会的現実としての契約実務にも関心を向けられ、雑誌ＮＢＬの創刊号から「現代契約のはなし」の連載をされました。これを中心にまとめられたのが一九七〇年代半ばの『現代契約法Ⅰ・Ⅱ』[4]です。ここでは、消費者契約、約款取引、契約類型論、契約当事者論、返品等の取引慣行、信用不安の法理、同行相殺や所有権留保などの債権担保等々、様々な現実の問題が論じられています。いずれも、その後に大きな展開を見せるテーマであり、先見的なものです。北川先生は、当時の様々な契約実務を研究したうえ、それを体系化することを目指されました。

第三は、東京大学の来栖三郎先生の研究です。来栖先生は、もともと外国法の制度や歴史についても造詣の深い学者ですが、日本社会の現実にも強い関心を抱かれ、多くの実態調査をされました。一九七四年に刊行された『契約法』は、その精髄ともいうべきものです。ご存知のとおり、契約法の体系書として名高いものです。

以上の三人の民法学者の研究には、二つの共通点があります。第一は、それ以前の考え方を覆したことです。それまでは、日本人の法意識は前近代的で遅れている、したがって、近代法の精神を体現した民法の規律を広く及ぼすべきである、という考え方が有力でした。近代法と異なる取引慣行は、克服されるべきものでありました。これに対し、三人の学者は、そのような見方を前提とするのではなく、取引実務を正面から観察し、それを生きた法として評価するという姿勢を示しました。これは画期的なことでした。第二の共通点は、いずれの学者も、まずは契約法の歴史や外国法について本格的な研究をしたうえで、日本社会を見るというスタイルだったということです。つまりアカデミックな契約法の理論的研究をした後に、改めて現代の日本社会を見るという視点でした。三人の民法学者にとって、民法がローマ法以来の歴史と理論を背景とする最も重要な基本法であることは自明であり、当然の前提であったと思います。その上で、民法の理論と現実とのずれを観察し、その結果を民法にフィードバックするという姿勢であったのではないかと思います。

2 民法の後景への移動

ところが、その後、このような民法学者の活躍は、以前ほどには見られなくなってきました。その理由は、いくつか考えられます。

(1) 議論の担い手の多様化

第一は、議論の担い手の多様化です。まず、商法学者の活躍があります。東京大学の江頭憲治郎先生が一九九〇年代初頭に出版されました『商取引法 上・下』[5]は、衝撃的なものでした。ビジネスの実態をつぶさに調査研究し、日本の実定法や外国の法制度も平明に説明しつつ、体系化したものです。これは、従来の「商行為法」という学問領域の枠を打ち砕くというだけでなく、理論と実務の両面を検討したうえ、日本の商取引全体の法を体系化するという、画期的なものでした。その後も、取引法の様々な分野において商法学者の活躍が目立ちます。さらに、優れた実務家の論稿が続々と現れます。当初は、担保法など限られた分野での専門家の論稿が目立つ程度でしたが、その後、先端的な法分野について質の高い論稿が多くなり、最近では、大きな法律事務所が実務と理論を踏まえた書物を出版することもあります。たとえば、二〇〇三年に刊行された西村総合法律事務所の『ファイナンス法大全 上・下』(6)です。ビジネス法の担い手のこのような多様化に伴い、民法学者の役割は相対的に後退しているように感じられます。

(2) ビジネスの法律問題の精緻化

第二は、ビジネスの法律問題の精緻化です。かつては、日本の取引慣行と呼ばれるものがあると考えられ、それが学者の関心を引いていました。特に、継続的な取引関係の中で、契約書がないまま、あるいは、契約書があってもそれを引っ張り出すこともなく、浪花節的解決をするという例が少なくありませんでした。納期、返品、代金額など、取引過程で現れる様々のトラブルについて、前回は泣いてもらったから、今回はウチが泣きましょうというような話です。実は、それは日本だけの特色ではなく、外国でも見られる現象なのですが、いずれにせよ、実務は、契約法の教科書に書いてあるルールとは違って、信頼関係によって柔軟に解決されるものであり、そのような「生きた法」を法的にどう評価すべきかということが主な関心事でした。ところが、現在は、むしろ逆です。様々な分野の専門家が多数関与して精密に構築したビジネスの仕組みが問題となります。資産流動化取引やフランチャイズ契約を考えてみると明らかでしょう。もちろん、現在でも、人的信頼関係は重要でしょうが、企業同士の関係が流動的になり、個人レベルでも転職が増えたことに伴い、企業内の情報管理が強化されるとともに契約書の比重が大きくなっているようです。ここに民法の研究者が出かけて行って、民法の条文の解説をしたり、日本人の法意識という話をしても、あまり耳を傾けてもらえないのではないかという気がします。

(3) ビジネスの問題が多様な法分野にまたがること

第三は、ビジネスの問題が多様な法分野にまたがることです。そもそも不動産売買のような古典的な取引でも、民法だけでは問題は解決しません。建築基準法や都市計画法など各種の行政法、不動産登記法、租税法など多くの法分野が関係します。ましてファイナンス取引など新種の取引では言うまでもありません。このことは、判例にも反映しています。私は、このところ、その年の新しい民法判例を整理して解説するという仕事をしていますが、特に近年、新判例を民法の部門で取り扱うか、他の領域で取り扱うか、微妙な問題が多いと感じます。たとえば、この三年間のビジネスに関するものを並べてみましょう。損害保険代理店の開設した保険料専用口座の預金債権の帰属（最判平一五・二・二一）、サブリースと借地借家法三二条の適用（最判平一五・一〇・二一など）、取引における説明義務（地震保険約款につき最判平一五・一二・九、分譲住宅につき最判平一六・一一・一八）、一括支払システムと国税徴収法二四条五号の関係（最判平一五・一二・一九）、集合債権譲渡担保（最判平一六・七・一六）、企業間の協働事業化の基本合意の破棄（最決平一六・八・三〇）、証券会社の適合性原則違反と不法行為の成否（最判平一七・七・一四）、会社更生法上の否認権と詐害行為取消権との関係（最判平一七・一一・八）などがあります。これらの判例の多くは、民法だけでなく、商法、民事訴訟法などの領域と重なっています。サブリースの事件は、民法プロパーかもしれませんが、これについても不動産鑑定の立場からの議論があります。これらの問題について、民法はこうだから、というだけでは、問題の全体像を捉え切れないことがあります。

(4) 民事立法の多さ

(a) 最近の民事立法　第四は、立法による解決が多いことです。この数年、六法がどんどん厚くなっています。この間の立法、特に民事立法の多さを反映する部分が多いようです。ビジネスに関連する最近の新しい立法や法改正として、次のようなものがあります。

まず、二〇〇二年には、新会社更生法ができました。〇三年には、個人情報保護法と仲裁法が新設され、担保・執行について民法と民事執行法が改正されました。〇四年には、新不動産登記法、新破産法ができ、公益通報者保護法が新設されました。また、民法の保証の部分が改正されるとともに現代語化がされました。このほか、動産・債権譲渡対抗要件特例法、社債株式等振替法、会社更生法、民事再生法の改正がありました。〇五年には、会社法が制定されたほか、偽造・盗難カード預貯金者保護法、有限責任事業組合契約法もできました。商法、担保付社債信託法の改正もありました。そして、今年の第一六四国会では、一般社団・財団法人法と公益法人認定法、金融商品取引法が制定され、消費者契約法が団体訴権を認めるよう改正されました。

さらに、今後、次のような改正が準備されています。まず、秋の臨時国会で、今回、継続審議となった信託法案が審議されることでしょう。また、電子債権法、貸金業法、労働契約法、知的財産権の取引などの検討もされています。少し先のことですが、民法の債権法の部分の改正も予定されていると報じられています〔追記。その後、いずれも立法化された〕。

(b) 民法の存在感の低下　私は、これらの立法作業のいくつかに参加する機会を与えて頂きましたが、その際に、民法との関係で、次のような印象をもつようになりました。

第一に、基本法としての民法が特別法によって空洞化されつつあるということです。このこと自体は、以前から、たとえば、消費者契約法や特定商取引法との関係で言われていました。もっとも、それぞれ民法の外に特別法を作るものであり、民法の実質的な空洞化という指摘でした。ところが、今度の公益法人制度の改革は、形式的にも空洞化するものです。従来、民法総則第三章法人という部分には、合計五四か条の法人及び公益法人に関する規定がありましたが、今回の改正により、五か条だけになりました。それに代わって一般社団・財団法人法と公益法人認定法ができました。前者は、非営利の社団・財団に準則主義による法人格取得を認めるものです。後者は、その中から申請のあったものについて、行政庁が新たに設置される委員会に諮問したうえ、公益性を認定するというものです。前者を「一階部分」、後者を「二階部分」と呼ぶこともあります。もちろん、民法典の形式的な空洞化があっても、新しくできた法律は、実質的には民法の領域にあると考えることは可能でしょう。私自身、この改正の準備作業に参加させて頂いた時期には、そのように理解していました。しかし、どうもそうではなくなりそうだなと感じ始めています。最近、こんな経験をしました。この五月に他大学の行政法学者と話していましたら、その方は、一階部分の一般社団・財団法人法は民法の問題、二階部分の公益法人認定法は行政法の問題だと、ごく自然におっしゃいました。公益というのは、当然、行政法の問題であるという感覚をお持ちのようでした。私は、二階部分も民法の問題だと思っていましたので、びっくりしました。ところが、それでは終わりませんでした。この六月に、今度は、他大学の商法学者と話していましたら、その方は、一階部分は、会社法にとてもよく似ているから、今後、会社法の方で取り扱うことにしてはどうだろうか、学生には会社法の講義の最終回に会社法との違いを示す形で説明するのが効率的ではないか、とおっしゃいました。私は、民法に法人の規定が五か条残っていると申しましたが、「民法では、まあ、ごく簡単なことだけを説明されたらいいでしょう。」ということでした。このように、二階部分は行政法、一階部分は商法ということですと、民法は形式的にも実質的にも空洞化されることになります。

第二は、新しく制定される法律の条文が非常に精密であることです。新しい法律案が国会に提出されるにあたっては、準備的な研究会等での検討、審議会等での審議、条文化作業、国会議員への説明等々、いろいろのプロセスがあります。その際、様々な立場の人々の意見や利害の調整をし、その結果を法律の条文で明確に規定しようという傾向にあるように思います。もちろん、解釈や運用に委ねられる部分もありますが、重要なことは条文で書ききろうというわけです。たとえば、破産法における否認権や相殺権の規定、信託法案における受託者の忠実義務の規定がそうです。また、法制局の審査では、厳格なチェックがされるようです。国会で修正がされることも稀ではありません。こうして、法律は、精密で複雑長大なものとなっていきます。たとえば、一般社団・財団法人は三四四か条、公益法人認定法は六六か条、合計四一〇か条もあり、従来の民法の法人の規定の八倍近くになっています。商法の神田秀樹教授は、新しい会社法について、日本語という言語自体の限界を示しているように思う、とおっしゃっていますが[7]、同様の傾向は、この法人法にも見られます。現代では、民法の条文のようなやや抽象性のある規定は置きにくいようです。それは関係者にとって予測可能性を高めるというメリットはありますが、他方、一定の抽象度で私法全体を見通すことが次第に困難になってもいます。このため、「民法が私法の一般法だ」といっても、共感を得にくくなっているようにも感じます。

第三は、今の話とも関係しますが、法律解釈の問題です。新たな制定法においては、解釈の余地が小さくなり、また、解釈にあたっても、立法担当者の見解が重視される結果、民法学者の解釈の余地が少なくなっているように見えます。新しい立法の後、具体的な運用基準が各省の通達等で示されることがありますし、立法担当者が『一問一答』のような形式の解説書を書かれることも少なくありません。これらの半ば公的な解釈は、現実には大きな意味をもちます。新法のラッシュの中で、民法学者が理論的、体系的な観点からの解釈論を示すことが少なくなり、また、示したとしてもその影響力が相対的に小さくなっているような気がします。

以上のようなことを考えると、ビジネスにおける民法あるいは民法学の存在感の低下は否めないように思います。実際、企業間の取引、ＢtoＢは商事法が規律し、企業と消費者の取引、ＢtoＣは消費者法が規律しているように見えます。民法という中途半端な法律は、商事法と消費者法の両側から、それぞれ中身を吸い取られて空洞化しているようです。民法は、ビジネスの世界では、もはや出る幕はないのではないか、民法は、個人同士の取引か、せいぜい、不動産売買、賃貸借、金銭消費貸借などの古典的な取引でしか機能していないのではないか。こんな風にも思います。冒頭、ビジネスに民法は生きているのかという、ちょっと拗ねたような見出しをつけたのは、このような気持ちからでした。

3　民法の寄与の可能性

(1)　外国の状況の紹介

ここで話が終わると、私はただ愚痴をこぼしに来ただけだということになります。そこで、民法も何か役に立つことはないのかと考えてみました。まず、考えられるのは、外国の状況の紹介です。現在、債権法や担保法に関する動きが盛んです。

債権法については、一九八〇年に「国際物品売買契約に関する国連条約」（ウィーン条約）が採択され、一九八八年に発効しています。日本はまだ批准していませんが、多くの国々が批准済みです。また、ユニドロワという国際組織が一九九四年に「国際商事契約原則」を公表し、二〇〇四年に改訂版を公表しています。さらに、ヨーロッパの研究者が組織する委員会が一九九五年から二〇〇三年にかけて、「ヨーロッパ契約法原則」を公表しました。この二つの「原則」は、条約や法律ではありませんが、仲裁で用いられたり、新しい立法の際の参考とされることが期待されています。各国の法も動きがあります。ドイツでは、二〇〇一年一一月に民法のうち債務法や時効法の大改正があり、二〇〇二年一月一日から施行されています。フランスでも、二〇〇五年九月に民法のうちの債務法と時効法の改正草案が公表されています。このように、特にヨーロッパにおいて、来るべき欧州契約法を念頭においた動きが活発です。〔追記。その後、日本もウィーン条約に加入した。ユニドロワ原則はさらに改訂された。フランスでは時効法・債務法とも改正された。〕

次に、担保法については、国連の国際商取引法委員会UNCITRALで担保付取引に関する立法ガイドが検討されています。アメリカでは、二〇〇一年七月に統一商事法典第九編の改正が発効し新たな担保制度が示されました。フランスでは、二〇〇六年三月に担保法の大改正がありました。

このほかにもいくつかありますが、このように、外国において、ビジネスに関する基本法制について、改革と統一への大きな動きがあります。日本法だけがそれに取り残されるわけにもいきません。これらの国際会議には、日本の民法研究者も参加しているものもあり、研究成果が公表されているものも少なくありません。[8] このような面で、民法が役に立つことはあるのだろうと思います。

(2) 基礎的研究

しかし、それだけではありません。一九八〇年代以降も、ビジネスにも関連のある民法の研究は、ずいぶん進んでいます。たとえば、約款規制、関係的契約、公序良俗、典型契約、契約解釈、契約締結過程、契約責任、履行強制、履行障害、債権譲渡、契約譲渡、担保、信託等々、優れた業績が沢山あります。ただ、その多くは基礎理論に及ぶものであり、やや抽象度が高いこともあって、実務に直結しないという印象があるのかもしれません。昨年秋、法務省で民事立法を担当しておられる方が講演をされ、研究者が外国のことを勉強して紹介してくれるのはいいが、それでは日本ではどうすべきかという、一番知りたいことが書いていないものが多いとおっしゃっていました。また、学問的な議論にも造詣の深い、ある判事は、民法解釈の方法論を巡る論争について、「研究者の部分社会における」論争だと実務では見られているようだと指摘しておられます。たしかにそのような面もあるのかもしれません。お二人とも、民法研究の意義を認められつつも、もっと伝わるような形で発信せよ、と激励してくださっているのだと理解いたしました。

そこで、本日は、現在の民法学でビジネスに関するどんな議論があるのかを、簡潔にご紹介してはどうかと思い至りました。もちろん、現在の民法学の全体像を語る能力が私にあるとは思いません。しかし、ある切り口により、その一つの相を、正確かどうかは別にして、描くことができるかもしれないと思います。その切り口は、契約の自由とその限界という視点です。契約自由は、いうまでもなく、民法の基本原則ですが、その限界があるとするとそれは何かということです。近年の民法の研究はもとより、民事立法、民事判例の多くのものが、この問題に関係しています。ビジネスにおいては、私的自治、契約自由、自己決定・自己責任が強調されますが、そこにも何らかの限界があるのではないかという感覚は、一般にあると思います。それが何か、そこを明らかにすることが、契約自由が強調されるビジネスと民法との関係を語ることになると思います。

二　ビジネスと民法――契約自由とその限界

1　近代的契約法の盛衰

(1)　一九世紀から二〇世紀の流れ

契約自由の原則については、改めてお話しするまでもありません。近代法の基本原則の一つであること、この原則がフランス革命後の近代社会で支持され資本主義経済を支えるものとなったこと、それは、思想的には、近代の自由主義政治思想、個人主義哲学、封建制に対するアンチテーゼとして個人の自由の強調という思潮に合致したこと、また、経済学的には、アダム・スミス以来の経済的自由主義の考え方、すなわち、私人間の取引には国家が介入せず、自由競争を基礎とする市場経済に委ねておけば「見えざる手」が働いてうまくいくという考え方に合致していたことは、教科書に書いてあるとおりです。

また、その後、契約自由の原則には、様々の問題があると指摘されるようになり、一九世紀から二〇世紀にかけて、制限されていったこともご承知のとおりです。日本においてもそうであり、社会的・経済的弱者保護の観点から、労働法や借地法をはじめとする社会法が発達し、社会的利益の保護の観点から、農地法や各種の業法が発達し、市場経済の健全性の確保の観点から、独占禁止法など経済法が発達しました。

これらの制定法は、契約自由を外から制約するものでしたが、さらに、契約自由そのものに対する疑問も提起されました。契約自由は、当事者の意思の自律を尊重しますが、それだけでは済まないのではないかということです。これは二種類あります。

第一は、人間の意思というのは、それほど頼りになるものではない、という考え方です。その場の状況に左右されたり、ふらふらすることがある、そんな意思よりも、理性を重視すべきではないか、ということです。「意思の上に理性を」とか「契約自由から契約正義へ」と言われたりします。(9)

第二は、契約自由が、当事者間の契約上の権利義務だけに着目し、その前提となる当事者間の関係を捨象していることに対する懐疑です。近代法の契約モデルは、当事者が合意をすれば、その瞬間に契約が成立し、当事者は、その契約によって発生する債権債務にのみ拘束され、その履行が終了すると再び他人になるというものです。アメリカの学者で、シャープ・イン、シャープ・アウトと表現した人がいます。しかし、現実の契約はそうではない、契約の背後にある当事者の関係や、当事者を含む共同体の規範も考慮すべきなのではないかという指摘がされるようになってきました。(10)

このような、契約正義論、関係的契約論は、一九八〇年代から九〇年代半ばにかけて、民法学において非常に有力な位置を占めていました。契約自由は、基本原則であるとはいえ、制度的にも、思想的にも、大きな制約を受けるものとなっていました。

(2) 二〇世紀末からの流れ——近代的契約法の復権と新たな限界づけ

しかし、この傾向は、日本においては一九九〇年代半ばから大きく変わります。その背景には、政策面の事情と思想面の動きがあります。

政策面では、規制緩和が唱えられ、契約自由が再び強調されるようになりました。特に、経済学的観点から、契約自由の制約は経済合理性に反し非効率的である。市場経済に委ねるべきであると主張され、見直しが求められます。借地借家法の改正による定期借家権制度の導入が象徴的なものです。これと並行して、経済法など契約自由の基盤となるべき法制度や、消費者法のように実質的な契約自由を確保するための法律は発達します。

思想面では、リベラリズムの台頭があります。特に、契約自由は、自己決定権に基づくものであり、これは憲法一三条に根拠をもつという見解が注目されます。京都大学の山本敬三教授が一九九三年の論文[11]で述べられ、その後、展開されています。憲法に基づくリベラリズムの強調が、理論面で大きなインパクトを与えたわけです。

このように、現在、一方で契約自由が強調され、他方で、経済法や消費者法の制約があるという二極分化の方向が見られます。この二極の間で、民法がどこに位置するのかは、人によって見方が違います。契約自由こそが民法だという人もいれば、契約自由を制約するところに民法の意義があるという人もいます。もっとも、東北大学の小粥太郎教授は、一昨年の講演で、研究者は、民法学者だと自己規定した時点で、その政治的なスタンスが民法という枠の中に押し込められているのでないか、

「民法学者だと言った時点で、リバタリアンの民法学者が出てきにくいのではないか」と言っておられます。[12] たしかに、民法研究者は、リベラリズムを強調する人も併せて公序良俗を論じるというように、契約自由とその制約をセットで考える傾向があるように思います。それが民法研究者の限界かもしれないし、もしかしたら、良いところなのかもしれません。契約自由の原則とその制約というのは、様々な局面で、様々な形で現れます。従来、それは、信義則、権利濫用、公序良俗、契約解釈などのツールを使って実現されてきました。その内容と構造をより明確にし、合理的な規律を示したい、これが現在の民法学の一つの共通する関心事だと思います。当事者の合意の尊重を原則としつつ、合意によっても支配できないものは何かを考えるということです。この問題を、これから五つのテーマについてお話ししようと思います。

2 現代日本における契約自由とその限界

(1) 契約内容の外在的制約

(a) 物理的制約——合意の尊重とリスクの配分　最初のテーマは、契約内容に対する外からの制約、外在的制約です。物理的制約と法律的制約があります。まず、物理的制約から始めます。売買契約の目的物が滅失したという場合です。従来の一般的な考え方では、滅失の時期によって区分されます。滅失が契約締結前なら、原始的不能で契約は無効だけれども、契約締結上の過失責任が問題となる、滅失が契約締結後なら、後発的不能となり、債務者に帰責事由があれば債務不履行の一類型である履行不能、帰責事由がなければ危険負担の問題となる、こう考えます。これらを通じて不能かどうかは、物理的不能ではなく社会生活における経験法則又は取引通念によって判断されます。たとえば、売買の目的物である指輪が隅田川に落ちたときは、引渡しは、物理的には可能であっても、不能となると言われます。

これに対し、最近の民法学説では、不能かどうかという観点からではなく、当事者が何を合意したのかという観点から考えるべきだという有力な見解が提示されています。たとえば、指輪の売買契約なら引揚げは不能かもしれないが、サルベージ会社との引揚げ契約なら不能ではない。さらに、現代のサルベージ技術では引揚げが客観的には不可能であったとしても、契約が無効になるわけではない。このような観点から、原始的不能についても、当然には、契約が無効とはならないと考えます。後発的不能についても、それが社会観念として不能といえるかどうかではなく、債務者が合意によって負担した債務が何かを考え、ある事情の下で、債務者がその債務から免責されるかどうかを考える。つまり、不能について論じるのではなく、免責事由として捉えるという発想になります。

このように、物理的制約との関係では、合意が尊重されるという考え方が有力です。合意の尊重というのは、不能の問題だけではなく、履行請求権の限界、履行補助者に関する責任などにおいても同様です。まず契約によって何が合意されたのかを考える、これは現代の民法の第一線の研究者の有力な思考方法です。[13]

もっとも、ここでは規範相互間の対立が問題となっているわけではありません。物理的な制約があっても合意を尊重するということです。東京大学の大村敦志教授は、このことを《「物」の力から「意思」の力へ》と表現しておられます。ただし、合意の尊重をどこまで貫徹するかについては、見解の相違があります。たとえば、大村教授は、続けて《「意思」の支配から「リスク」の分配へ》という標語を掲げます。つまり、「予期せぬ出来事から生じた危険の割当」については、物理的制約とは別の、取引社会の基準・判断という要素が免責事由という導管を通じて取り込まれていると指摘されます(14)。

このように、契約自由は、物理的制約との関係では、より強調され、その上でさらにそれを限定する客観的要素があるかどうかを考える、というのが現在の有力な思考方法といっていいでしょう。

(b) 法律的制約――合意とのせめぎあい　これに対し、法律的制約との関係では、規範の衝突があります。合意の尊重という理念とその法律の実現しようとする目的との衝突です。いくつかの問題があります。

第一に、不当条項の問題があります。これは古典的問題です。民法では、従来から、公序良俗、約款、消費者保護という観点から論じられてきましたが、消費者契約法の制定後は、その解釈論として論じられることが多くなっています。特に、その九条・一〇条について、いくつもの裁判例がありますが、ここで改めてご紹介するまでもないと思います。

第二に、行政的規制や経済法と民法との関係の問題があります。かつては行政的規制や経済法と民法とは別の領域の問題だと考えることが多かったようですが、近年、両者の連結を認める見解が増えています。もっとも、そこでは、二つの異なる方向の流れがあります。その一は、行政的規制に反する契約は、単に行政法上の制裁を受けるだけでなく、私法上も効力が制限されるという方向です。消費者保護の観点から独禁法違反の私法的効果を導こうという発想も共通します。公法の力を通じて契約自由を制約するという発想です。その二は、行政的規制や経済法に適合する契約は、私法上も有効だとする方向です。こちらは、国家の介入を抑え、契約自由を強調する発想です。民法理論としては、この二つの発想があることを前提にして、公法と私法の関係を考えていくことになります。[15]

第三に、法適用の回避の問題があります。二〇〇三年の後半に出た三つの判例がそれに関連します。貸金業者が子会社に債務の保証をさせ、子会社が債務者から保証料をとることと貸金業者のみなし利息との関係(最判平一五・七・一八)、サブリースと借地借家法三二条の関係(最判平一五・一〇・二一)、一括支払システムと国税徴収法二四条五項の関係(最判平一五・一二・一九)です。いずれも、一ある制定法の適用を回避するために考案された仕組みの評価が問題となります。これについては、一方で、不当な回避行為を抑える必要があります。民法では、脱法行為に関する研究があります。[16]当該法律の性質、契約の内容のほか、仕組みに内在する詐害的意思の評価が問題となるでしょう。他方で、私人による新しい仕組みの創造を積極的に評価すべき要請もあります。[17]その際には、合意によって創設された仕組みの合理性、公知性、社会の評価が考慮されることになるでしょう。

第四に、民法に含まれる公序との関係の問題があります。特に立法にあたって問題となるものです。債権法とは異なり、物権法や家族法には、強行的規定が多くありますが、これと新たな立法による制度との関係の問題です。たとえば、一九九九年の民事再生法で導入された担保権消滅請求制度は、担保割れの場合でも、担保目的物の価額相当額の金銭を支払うだけで担保権を消滅させることができるものですが、これが担保物権の不可分性や順位上昇の原則に反しないかという問題があります。また、今回の信託法案は、担保物権の設定による信託の成立を認め、いわゆるセキュリティー・トラストを可能にするものですが、その結果、債権者と担保権者の分離が生じうることになります。これは、従来の担保法では考えられていなかった事態です。また、信託法案は、まず委託者が自らを受益者とし、自分が死ぬと妻を第二次受益者、妻が死ぬと長男を第三次受益者、長男が死ぬと長男の子を第四次受益者とするような、後継ぎ遺贈の効果をもつ信託を認めています。同じく、信託法案は、受益者が存在せず、公益を目的とするのでもない信託を認めますし、一般社団・財団法人法は、非営利・非公益の財団法人を準則主義で設立することを認めています。これらは相続法秩序を害しうるのではないかという問題があります。このような問題点については、もちろん、立法の準備段階で慎重な検討がされています。その際、民法において漠然と考えられていた「原則」の本質的内容が何かを根底に遡って検討し、それと抵触しないような制度を構築しようとしています。新しい法律は、民法の原則や制度をむしろ研ぎ澄ます役割を担っていると言えましょう。

(c) 問われている利益　このように、契約内容の外在的制約については、契約自由を尊重することが基本となります。物理的制約では、それを制約するものとして、取引社会の基準・判断の尊重という利益が示されることがあります。法律的制約では、その法律によって守られている利益が何かが考慮されます。契約自由の制約については、これらの利益の評価が問題となります。

(2) 契約内容の内在的制約

次は、契約内容の外からの制約ではなく、契約法自体に内在する制約です。

(a) 契約の性質を決定する自由とその限界　まず、その契約の法的性質を合意でどこまで決定しうるかという問題があります。二種類の問題があります。

第一は、当事者が決定した契約の法的性質を再検討する場面の問題、つまり再性質決定の問題です。たとえば、買戻し特約付きの不動産売買契約であって占有移転を伴わないものを譲渡担保と判断した最近の判例があります（最判平一八・二・七）。また、資産流動化において、オリジネーターがSPVに資産を譲渡する場合、それが真正売買であって譲渡担保ではないということをいかに確保するかについて、実務上、苦心されているようです。これは、契約解釈の問題であり、当事者の真意の探求をすることになりますが、その際、裸の真意というよりも、規範的な意思が探求されることになるのでしょう。

第二は、契約の条項がその契約の本質的性質と相容れない場合の問題です。この場合、その条項を否定するのか、その契約を否定するのかです。条項を否定した例として、フランスの一九九六年の有名な破毀院判決があります。クロノポストという信頼性と迅速性を保証する宅配便の約款の中に、配達が遅れた場合の損害金は運送料金に限定するという条項がありました。しかし、そのような条項は契約の本質的債務に反するものとして、書かれなかったものとされました。契約を否定する例としては、信託法案があります。同法案は、受託者の忠実義務を任意法規化しましたが、もし受託者が忠実義務を一切負わないという特約をしたとしますと、それはもはや信託ではないと理解されると思います。この種の問題については、かつては、混合契約論の中で議論されたことがありますが、近年では、典型契約、契約の本質的債務、契約の本性についての研究が進んでいます。(18)

(b)　明示の合意のない義務　第二に、契約当事者は、明示的には合意していない義務を負わされることがあります。契約存続中の安全配慮義務や説明義務です。最近では、貸金業者に取引履歴開示義務を認めた判例があります（最判平一七・七・一九）。このような義務については、債務の構造を分析し、給付義務とともに付随義務や保護義務を考えるというアプローチと、個々の契約の解釈を通じて考えるアプローチがあります。後者が有力となりつつあるように思いますし、私もそれが良いと考えます。もっとも、その場合、契約解釈といっても規範的な判断が入ることになりますから、実務では、信義則を介して付随義務ないし保護義務を設定するという方が落ち着きが良いのかもしれません。いずれにせよ、ここには当事者間の合意とは別の規範が入ってきます。社会的接触関係にある者の間の相手方を害さないという義務や、契約外の法律の趣旨が、契約解釈や信義則によって取り込まれることになります。

(c)　問われている利益　このように、契約内容について契約法に内在する制約がありますが、ここで問われている利益には、次のようなものがあります。まず、契約当事者間の均衡、相手方の保護など、契約当事者の利益があります。次に、契約外の法律などによって保障されている利益で契約法に流入したものがあります。さらに、より抽象的なものですが、典型契約などの類型を共有すること自体について、社会がもつ利益も考えられます。売買とはこういうものだとか、信託とはこういうものだという、ある類型を概念として共有し、それに基づいて社会を構成することについての利益です。

(3) 契約の構造の操作

(a) 契約の構造の分析　三番目に、契約の構造が議論されることがあります。たとえば、普通預金契約は、従来、期間の定めのない金銭消費寄託だと説明されてきました。しかし、それでは現実の普通預金取引を十分に説明することができません。普通預金契約は、途中で残高がゼロになっても当然に終了するわけではありませんし、ネット・バンクのように、当初、一円の預入れもなくてさえ、有効に成立します。また、普通預金取引には、公共料金等の自動引落し、他からの振込みの受入れ、銀行カードの発行、手形・小切手のような証券の取立てなど、様々なサービスが伴います。そうすると、普通預金契約は、単なる消費寄託というよりも、消費寄託を中心とする役務提供契約と考えるのがよさそうです。また、普通預金契約から直ちに預金債権の増減が生じるわけではなく、それは、この契約に基づいてなされる後続の個別取引、つまり、預入れ、引落し、振込み、送金、証券の取立てなどによって生じます。そうすると、普通預金契約は、それらの個別取引がなされる枠組みを設定する契約と見ることができそうです。ここで、フランスやドイツにある枠契約という概念が参考になります。これは、基本となる枠契約とそれを適用する個別契約という二重構造を観念するものです。この概念を使うと、普通預金契約とは、その枠組みの中で消費寄託が繰り返され、また、その他の役務が有償又は無償で提供されるための契約であると理解することができ、普通預金の取引停止や普通預金の担保化など現代的な問題の検討に役立つと思います。枠契約の概念は、他にも応用が効きます。たとえば、特約店契約、コミットメントライン契約、有料老人ホーム契約など、多様な契約の構造を分析する視点を与えます。[19]

契約の構造の分析の視点は、もちろん枠契約に限りません。フランスで、「契約の集合」という一九七〇年代の論文があり、複数の契約が集まった取引について分析しています。ドイツでは、二〇〇一年の債務法改正により、民法に結合契約についての規定が置かれました（三五八条・三五九条〔追記。その後、関連契約についての三六〇条も規定〕）。日本でも、転貸借契約、元請契約・下請負契約のように三当事者が現れる契約や、フランチャイズ契約のように一人の人と多数の人とが同様の契約をし、全体としてその取引が成り立つというタイプの契約について、検討されています。[20]

(b)　契約の構造の操作とその限界　そうすると、今度は、「契約の構造」を操作し、ある経済目的を達成しようとする試みが現れます。たとえば、契約の単位や個数の操作があります。スポーツ施設付きのリゾートマンションの販売において、マンション売買契約とスポーツクラブ会員権契約という二つの契約とした場合についての判例があります（最判平八・一一・一二）。この問題については、複数の契約の相互関係という視点と、一つの大きな契約の分割という視点があると言われます。[21]また、当事者を分けることもあります。売買契約と与信契約を分けるという方法は、かねてからあり、抗弁の切断が問題となったりします。最近では、商品の継続的販売契約について、当事者ＡＢが直接取引をするのではなく、AとBが合弁会社Cを設立する契約をし、現実の取引はAとCが行い、BはCの背後に退くという形式をとることもあるようです。このような取引でトラブルが生じたとき、実質は、一個の契約だとか、直接の契約だとか主張されることがあります。

これらを通じて、そもそも契約の構造の操作がどこまで認められるのかという本質的問題がありま す。ここでは、契約の構造を操作することの目的、動機も吟味されることになるでしょう。

(c) 問われている利益　ここで問われている利益は、少し抽象的な言い方になりますが、二当事者間で、一般的な単位・個数による契約がされるという利益です。当事者の利益と社会的利益があります。第一に、当事者の利益については、消費者取引の場合を考えると分かりやすいでしょう。新たな仕組みを十分に理解していない消費者の保護が求められます。しかし、企業間取引でも、ある種の仕組みは、一方的に作成され、定型的なものであることが少なくありません。特約店契約やフランチャイズ契約がそうです。この場合、個別の当事者間の関係だけでなく、その仕組み全体の評価が問題となる場合もあるでしょう。さらに、一対多数の契約関係(ハブとスポークのような形態)においては、契約とはいえ、一方的性質をもつこともあり、その際、行政法の観点を取り込むことが考えられます。たとえば、契約の解消について理由を提示する義務、比例原則、平等原則などです。ここでは、手続的利益も問題となります。第二に、社会的利益としては、契約の単位・個数について形成されている共通の理解の保護ということが考えられます。

(4) 契約による時間の支配

第四のテーマは、契約によって、時間をどこまで支配できるかです。

(a) 契約による現在化　契約は、通常、債権債務を発生させるものであり、履行までに一定の時間を要することが少なくありません。将来には、様々な不確実性がありますが、契約する者は、それを予測し、契約で規定しておこうとします。つまり、将来起きるかもしれない事象を現時点で予測し、対応します。このことを現在化（presentiation）と表現することがあります。契約自由を強調すると、現在化され、契約書に盛り込まれた事項が強い効力をもち、書かれなかった事項は弱いものとなります。ここでの問題は二つあります。

第一は、現在化したにもかかわらず、予想外の事情の変更が起きた場合の処理です。二つの方向の考え方があります。合意によりリスク分担がされた以上、書かれていなければ、それまでであり、債権者は契約上の債務を果たすべきだという考え方と、予想外の事情の変更があった場合には、再交渉を義務づけるなどして解決すべきだという考え方です。これは、契約の時点で権利義務が確定するという、合意に収斂させる発想か、合意以外の規範をも取り入れるのかの対立であり、民法の先端的学説でも議論のあるところです。

第二は、将来の不確実性を見越して、契約期間を短期間にするという手法をどう評価するかです。契約の履行の質が相手の能力や熱意に依存する場合、そのような手法が用いられることはよくあります。特約店契約、マンションの管理会社との契約などです。相手が熱心でないということはわかるが、裁判で債務不履行だと証明することはむずかしいという場合に備えて、この手法を採るということには一応の合理性があると言えるでしょう。実際、特約店契約など、期間を一年とし、毎年、更新していくことは、広く見られます。この場合、短い契約期間を合意しているわけですが、実際には、より長期間の取引を前提としていることが少なくなく、当事者が、それを見越して、人的・物的投資をすることもあります。そのような取引が何年も続いた後になって、一方が突然、一年契約という形式を前面に出して更新を拒絶し、取引を打ち切るというタイプの紛争は少なくありません。そこで、更新拒絶にやむを得ない事由が必要かなどの議論がされますが、ここでは、まず、契約期間の合意の趣旨を探求し、さらに、反復更新がなされたことの影響を考える必要があります。

(b) 契約締結の前の法律関係の規律　契約成立前であっても、契約交渉過程にある当事者間には、信義則上の義務が発生することがあります。このことは、判例学説によって認められています。交渉打切りによる損害賠償が認められたり、説明義務・情報提供義務や秘密保持義務が認められることがあります。そこで、契約によって、契約交渉段階の法律関係を規律することが試みられます。

第一に、交渉に際して、契約の成否にかかわらず、秘密保持義務などが合意されることがあります。これは、それ自体、不作為債務を発生させる契約として認めてよいでしょう。

第二に、契約成立に向けて交渉するという合意が問題となることがあります。ＵＦＪと住友信託の間で争われ、注目を呼びましたが、同種の問題は少なくありません。ここでは、中間的合意というような漠然とした合意を契約として認めることができるのか、仮に契約だとしてそれに違反した効果は何かが問題となります。ここでは、契約という概念をどの程度厳格なものとして理解するかの対立に行き着くことになります。

第三に、逆に、契約の重要部分が未確定のまま契約を成立させることができるかという問題もあります。テレビ放送契約や工事請負契約で、価格が未決定のまま、実施が先行するということがあります。この場合については、当事者に契約を成立させる意思があるのなら、契約を有効とし、価格を適切な方法で決めるという方向の解決がユニドロワ原則（2.1.14）で示されており、参考になります。

(c) 問われている利益　時間は、本来、コントロールできないものです。そこで、時間自体ではなく、将来の不確実性を合意で分担することになります。ここでは、当事者間では、不確実性の均衡や、機会主義的行動の制御（合意した後、それを利用する身勝手な行動をさせないこと）が保護されるべき利益として考えられるでしょう。他方、契約の成立過程については、当事者間だけではなく、第三者が競争に参加する機会を残すという社会的利益も考えられます。

(5) 契約の人的範囲の拡張

最後に、契約の効力を第三者に及ぼすことの可能性が問題となります。契約自由の原則の裏には、契約当事者以外にはその効力は及ばないという契約の相対効の原則があります。しかし、例外的に、契約の効力が第三者に及ぶことはないのか、という問題があります。

(a) 契約の第三者に対する効力　まず、契約が契約外の第三者に影響を及ぼすことがあります。第一に、契約条項が第三者に不利益な効果をもたらすことがあります。たとえば、宅配便の免責特約が、本来は契約関係にない荷受人に及ぶことがあります。また、注文者と元請負人との間の建築物の所有権は注文主に帰属するという合意が下請負人を拘束することがあります。[22]

第二に、契約その他の法律行為によって、責任財産を区分し、一部の債権者のみの引当てとなる財産を創出することが多くなっています。法律上の制度としては、有限責任事業組合、一般財団法人、信託法案による責任財産限定信託などがそうです。銀行取引約定の相殺予約もそうです。さらに、債務者が将来取得する債権の包括的譲渡もそのような効果を生み出します。ここでは、倒産隔離が目的とされますが、裏返して言うと、倒産時の他の無担保債権者の利益や債権者間の平等が害されるのではないかという問題があります。

第三に、契約関係のない者の間で、契約規範が働くことがあります。たとえば、下請負人の被用者に対し、現場で指揮監督する元請負人に安全配慮義務が課せられたり、不動産の売主と一体性のある販売業者に説明義務が課せられたりする（最判平一七・九・一六）ということです。

(b) 契約上の地位の移転　契約が第三者に影響を及ぼすもう一つの類型は、物の移転に伴って、契約上の地位が移転する場合です。たとえば、賃借権つきの不動産が譲渡された場合の賃貸人たる地位の移転です。現在、知的財産権のライセンス契約で、その知的財産権が登録されていない場合に、ライセンサーがその知的財産権を譲渡するとどうなるかが問題となっています。[23] ライセンス契約といっても種々ありますが、それが引き継がれうるかです。

(c) 問われている利益　このように第三者が関係するときは、当然、その第三者の利益を考慮する必要があります。古くから取引安全と言われていることですが、突き詰めて考えると、本質は第三者の自己決定権の保護だという見解もあります。ここではさらに、その他の利害関係者や社会の利益にも関係してきます。債権譲渡を例に考えてみましょう。ビルの所有者が、そのビルから生じる賃料債権を将来の長期間にわたって第三者に譲渡したとしますと、所有者には自ら使用も収益もできない不動産が残ることになります。その不動産の処分の難しさや、買い手の情報収集コスト、所有者の倒産の場面などを考えますと、そのような賃料の処分は社会的な利益を損なっているのではないかという問題が生じます。かつては破産法上の制約がありましたが、新破産法で、制約がはずされ、民法での規律に委ねられることになりました。また、会社が将来の売掛債権を包括的に譲渡担保に供した場合、会社が倒産した時点での労働債権への割当が減るという批判が労組から出ています。債権譲渡に伴って債務者の信用情報を自由に移転できるとすると、債務者を害することになります。これらの当事者以外の関係者の利益をどう考えるべきかという問題があります(24)。

三　ビジネスに民法は生きていくのか

1　二つのモデル

以上、駆け足で、契約自由とその制限の諸相を見てきました。その結果、契約の相手方の利益が問題となる場合と、第三者の利益や社会的利益が問題となる場合があることがわかりました。社会的利益についても具体的なものから抽象的なものまであることもわかりました。では、民法は、ビジネスにおいて、契約自由とこれらの利益との関係を規律する法として、存続しうるのでしょうか。ビジネスに民法が生きていくのかについて、二つのモデルを示しながら考えたいと思います。

第一のモデルは、契約自由が支配するビジネスの世界の法と、相手方の利益への配慮がなされる生活の世界の法とを区別し、棲み分けをするモデルです。ビジネスの世界は、自由競争、自己責任が貫徹する世界です。そこでの規律は、契約自由と経済法・消費者法のみから成ります。他方、生活の世界は、人間には合理的に判断し行動する能力が限定されていることを前提とする世界であり、信義則が強く支配します。こちらは、民法が規律します。このモデルでは、生活の世界にビジネスの論理が侵入することを制御することが要請され、消費者法がその役割を担うことになります。このモデルでは、民法は、ビジネスの外で生きていくことになります。これは、「棲み分けモデル＝ビジネスの外にある民法」ということになります。

第二のモデルは、これに対し、二つの世界を区別せず、ビジネスの基礎にも民法があり、ビジネスの論理もその上に構築されているというモデルです。民法は、契約自由とその限界づけの双方の根拠となり、そのバランスがビジネスかどうかで程度の違いがあるに過ぎないという発想です。これは、「連続モデル＝ビジネスの基礎にある民法」ということになります。

この二つのモデルは、ややコントラストを強調して描いたものであり、実際には、中間的なモデルが選択されることになるでしょう。棲み分けモデルをとりつつ、ビジネスの世界には別種の民法があると考えることも可能ですし、連続モデルをとりつつ、契約自由とその制限のバランスについて、ビジネスの場合を定型化することも可能です。現在の学説において、近代的契約法が貫徹する世界と、信義則が重視される世界とを区別するという発想が示されることがありますが[25]、前者の世界において民法が排斥されるというわけではありません。ただ、ありうる考え方を徹底するとどうなるかを推し進めていくと、この二つのモデルが浮かび上がるように思います。

2 民法典の将来との関係

この二つのモデルを通じて、民法典の将来のあり方について、二つの方向が考えられます。

第一は、民法という法典は解体され、契約、不法行為、物権、担保物権などの諸分野に拡散して、それぞれの分野で基礎をなすという方向です。民法の非法典化であり、英米法に近づく方向です。現実には、この方向への傾斜が強まるかもしれませんし、これはこれで一つのあり方だと思います。

第二は、民法というまとまった法体系を維持する方向です。民法という一つの法典をもつことの意味を認めようというものです。

「棲み分けモデル」ですと、生活の世界を規律する民法については、民法典を維持するという第二の方向をとることが比較的採られやすいでしょうが、「連続モデル」ですと、民法典の解体か維持かという選択を迫られることが、早晩、生じそうな気もします。

3 結び

私自身は、迷いながらも、現時点では、連続モデルを出発点とし、かつ、民法典を維持するという方向を目指したいと考えています。その理由を申し上げて、結びとしたいと思います。

契約自由を貫徹するということは、すべての問題を合意に還元することになりますが、いくらビジネスの世界でもそれには無理があるでしょう。その無理を克服するため、信義則や契約解釈を用いたアドホックな解決がされることになるかもしれません。しかし、それよりも契約自由にも限界があることを正面から認め、その限界を分析する方が、結局は、ビジネスを進めていく上でも有効ではないかと考えます。そのためには、やはり基底には民法を置いた方が良いように思います。

もう一つ、より根本的な問題があります。ビジネスの法を考えるとき、必然的に機能の面から考えることになります。ある目的を達成するために最も適した法制度は何かを考え、利用できるものは利用するということです。資産流動化のSPVとして、会社がいいのか、信託がいいのか、それとも中間法人がいいのか、という発想になります。中間法人法は、もともと同好会や同窓会を念頭に置いて作られた法律ですが、ファイナンスのために、かけ離れた使い方がされることがあります。それはそれで良いでしょう。しかし、このようなことばかりですと、ものの見方が一面的になるような気がします。機能とともに、本質を考えるという作業もまた必要ではないか、そして、民法は、その手がかりを与えるのではないかと思います。以上の二点から、私自身は、連続モデルを採りたいと思っています。

その上で、民法典の解体か維持かですが、民法典が私人間の権利義務の規律という角度から社会全体のあり方を千条程度で規定しているということは、それ自体、一つの意味があるのではないかと思います。私人間の関係の全体像を一定の抽象度で規律するという意味です。現在の立法は、「精密で明確なルール」を作成するという傾向にあります。それは、実効性、予測可能性という面で、重要な意義があります。しかし、それと併せて「シンプルで明確なルール」を構築する試みは、より困難な作業ではありますが、放棄すべきではないと考えます。

こんなわけで、私のイメージとしましては、民法は、今後とも、ビジネスの世界の基底の部分で生きていくことになります。もっとも、民法がローマ法以来の真理だとか、正義だとかは、あまり言わない方が良いような気がします。また、社会的利益を大上段から振りかざすのも、どうかなと思います。もう少し、ひそやかにではあるけれども、底の方でなお生き続ける意味があるのではなかろうかと思っています。これが本日の私のお話の結論ということになります。ご清聴ありがとうございました。

（1）星野英一＝谷川久「標準動産売買約款の研究」商事法務研究二四五号〜二八九号（一九六二〜六三）。

（2）『岩波講座　現代法8　現代法と市民』（一九六六）〔星野英一『民法論集第三巻』（一九七二）所収〕。

（3）前者は日仏法学会編『日本とフランスの契約観』（一九八二）、後者は『岩波講座　基本法学4契約』（一九八三）〔いずれも星野英一『民法論集第六巻』（一九八六）所収〕。本書の意義につき、加藤雅信編代『民法学説百年史』（一九九九）四三一頁に拙稿がある〔本書一二七頁〕。

（4）北川善太郎『現代契約法Ⅰ・Ⅱ』（一九七三・七六）。本書の意義につき、加藤雅信編代『民法学説百年史』（一九九九）四三一頁に拙稿がある〔本書一二七頁〕。

（5）江頭憲治郎『商取引法 上・下』（一九九〇・九二）。その後、合冊され、現在は、『商取引法〔第四版〕』（二〇〇五）となっている〔二〇二二年に第九版〕。先駆的業績として、西原寛一『商行為法』（一九六〇）、神崎克郎『商行為法Ⅰ』（一九七三）などがある。

（6）続刊として、西村ときわ法律事務所『ファイナンス法大全アップデート』（二〇〇六）〔さらに、西村あさひ法律事務所『ファイナンス法大全 上・下〔全訂版〕』（二〇一七）〕。

（7）神田秀樹『会社法入門』（二〇〇六）二一三頁。

（8）最近の例を挙げると、沖野眞已「UNCITRAL『担保付取引に関する立法ガイド』（案）の検討状況――担保作業部会の動向」別冊NBL八六号（二〇〇三）、内田貴「ユニドロワ国際商事契約原則二〇〇四――改訂版の解説」NBL八一一号～八一五号（二〇〇五。未完）。なお、本文記載のほかに重要なものとして、二〇〇一年に採択された「国際法取引における債権譲渡に関する国連条約」があり、これについて、池田真朗ほか「注解・国連国際債権譲渡条約」法学研究（慶應）七五巻七号～一〇号（二〇〇二）がある。

（9）星野・前掲注（3）『民法論集第六巻』二四二頁以下。

（10）内田貴「現代契約法の新たな展開と一般条項」NBL五一四号～五一七号（一九九三）〔同『契約の時代』（二〇〇〇）所収〕。

（11）山本敬三「現代社会におけるリベラリズムと私的自治」法学論叢一三三巻四号・五号（一九九三）。

（12）小粥太郎「日本の民法学におけるフランス法研究」民商一三一巻四＝五号（二〇〇五）。

（13）潮見佳男『契約法理の現代化』（二〇〇四）、森田宏樹『契約責任の帰責構造』（二〇〇二）、内田貴ほか「債権

法の改正に向けて（上）」ジュリ一三〇七号（二〇〇六）一一九頁以下〔山本敬三発言〕。

(14) 大村敦志「危険負担・解除」法教二九四号（二〇〇五）。

(15) 中田『継続的取引の研究』（二〇〇〇）一二頁参照。なお、ビジネスの世界では、行政的規制への適合の有無の判断を行政庁に求め、それに従いたいという傾向がなお強いようである。つまり、契約自由といいつつ官庁がガイドラインを示すのを待つ実態があるという、別の問題もある（それゆえ、内閣府令を違法無効とした最判平一八・一・一三は、業界に衝撃を与えた）。いずれにせよ、公法的規律と民法の協働は、今後さらに発展するだろう。

(16) 大村敦志「『脱法行為』と強行規定の適用」ジュリ九八七号・九八八号（一九九一）〔同『契約法から消費者法へ』（一九九九）所収〕。

(17) 大村敦志『典型契約と性質決定』（一九九七）、同「相殺と債権譲渡・その二――一括支払システムをめぐって」法教三一一号（二〇〇六）〔同『もうひとつの基本民法Ⅱ』（二〇〇七）所収〕。

(18) 大村・前掲注（17）、小粥太郎「フランス法における『契約の本質的債務』について(1)」早法七六巻一号（二〇〇〇）、石川博康「『契約の本性』の法理論」法協一二二巻二号〜一二三巻一一号（二〇〇五〜〇六。未完）〔後に完結のうえ、『「契約の本性」の法理論』（二〇一〇）として公刊〕。クロノポスト判決については、小粥・前掲二二頁、石川・前掲一二二巻二号一〇〇頁。

(19) 中田・前掲注（15）三二頁、中田「銀行による普通預金の取引停止・口座解約」金法一七四六号（二〇〇五）〔同『継続的契約の規範』（二〇二二）所収〕。

(20) 河上正二「複合的給付・複合的契約および多数当事者の契約関係」磯村保ほか『民法トライアル教室』（一九九九）。

(21) 大村敦志「判批」ジュリ一一一三号（一九九七）、曽野裕夫「契約解除の要件・効果」鎌田薫ほか編『民事法Ⅲ』（二〇〇五）。

(22) 岡本裕樹「『契約は他人を害さない』ことの今日的意義」名大法政論集二〇〇号～二〇八号(二〇〇四～〇五)。

(23) 中田「知的財産権のライセンシーの立場」NBL八〇一号(二〇〇五)。〔その後、特許法等において当然対抗制度が導入された。松田俊治『ライセンス契約法』(二〇二〇)参照〕

(24) 中田「将来の不動産賃料債権の把握」みんけん五四七号(二〇〇二)〔同・前掲注(19)『継続的契約の規範』所収〕、同「債権譲渡と個人情報保護」潮見佳男＝山本敬三＝森田宏樹編『特別法と民法法理』(二〇〇六)。

(25) 内容はそれぞれ異なるが、内田教授は「貨幣を媒介とする経済サブシステムにおける近代契約法(市場の論理)」と「生活世界における内在的規範を中核とする関係的契約法」を(内田・前掲注(10)『契約の時代』一六二頁。その後、「制度的契約」の概念も提示。内田貴「民営化(privatization)と契約――制度的契約論の試み」ジュリ一三〇五号～一三一一号(二〇〇六)、同「制度的契約と関係的契約――企業年金契約を素材として」新堂幸司＝内田貴編『継続的契約と商事法務』(二〇〇六)〔後に、同『制度的契約論――民営化と契約』(二〇一〇)〕)、大村教授は「取引民法」と「生活民法」を(大村敦志『法典・教育・民法学』(一九九九)、同『生活民法入門』(二〇〇三))、樋口教授は「契約関係」と「信認関係」を(樋口範雄『フィデュシャリー［信認］の時代』(一九九九))、提唱される。

(司法研修所論集一一六号(二〇〇七年二月)四二頁)

新公益法人制度施行にあたって

〔前注〕　公益法人協会主催のシンポジウム「公益法人制度改革と市民社会の新たな展望」が二〇〇八年一一月二五日に行われた。これは、その際、東京都公益認定等審議会会長としてした挨拶である。

本日のシンポジウムは、池田〔守男・公益認定等委員会〕委員長もお話しになられました通り、二〇〇八年一二月一日という、新公益法人法の施行、そしてNPO法施行一〇周年という記念すべき日を目前に控えた、まことに時宜を得た、かつ、大きな意義のあるものだと思っております。このような素晴らしいシンポジウムを企画されました公益法人協会の太田〔達男〕理事長はじめ皆様のご尽力に心から敬服申し上げております。また、お招きいただき、お話をさせていただく機会を頂戴し、感謝いたしております。

さて、東京都では、昨年〔二〇〇七年〕一二月に審議会が発足しました。六名の委員で、本年一月から一一月まで、九回の審議を重ねてまいりました。皆様ご案内のとおり、この六月には、「公益目的事業の判断基準（案）」を公表し、パブリック・コメントをお願いしましたところ、公益法人協会はじめ、多くの方々からご意見を頂戴しました。その中には厳しいご意見も少なくありませんでした。都の審議会では、それまでにケース・スタディをしたり、様々な資料を検討をしたりし、議論を重ねて案を作るにいたったという経緯がありましたので、思いがけない反応に、当初は、やや戸惑いを覚えたというところもありました。しかし、お寄せいただいたご意見を改めて真剣に検討させていただき、さらに審議を重ねました結果、内容も表題も大幅な改定をすることにいたしました。こうして、さる一一月一〇日の第九回審議会で新たに「公益目的事業についての考え方」という形で取りまとめ、これを、先週（一一月二〇日）、公表いたしました。その内容は、おそらく、多くの方々のご支持を頂けるものになっているのではないかと思っております。この間、多くの方々からご意見、ご助言を頂きましたことに、改めてお礼を申し上げます。

このように、都の方でも、一二月一日の施行を前にして、ようやく準備が整ったというところです。来月からは、いよいよ実際の認定作業が始まりますので、新しい制度の趣旨を実現できるよう、誠実に任務を遂行したいと思っております。

以上は、都の審議会としてのお礼とご報告ですが、ここで、少し個人的な話をさせていただきたいと思います。私自身は、公益法人に関する研究を始めたのは一九九五年でした。今年で一四年目になります。この一四年間は、まさに公益法人制度が大きく変動していった時期であり、本日ご列席の方々ともいろいろな機会にご一緒させていただきました。その間、多くのお教えを頂いてまいりましたが、ある時期から、次のようなことを自問自答するようになりました。それは、公益という言葉を外国語で表すとすると、それは単数形なのか複数形なのかということです。最初は、なんとなく単数形で表わされるものだと思っていましたが、次第に、それは複数形で表わされるべきものではないかと思い始めました。

たとえば、公益には、次のような二系統のものがあるのではないかと思っています。一つは、守るべき公益であり、もう一つは、推進すべき公益です。守るべき公益というのは、社会全体として守るべきものであり、ときには個人や団体の自由を制約することもあります。たとえば、一般法人法には、公益確保のために法務大臣等の申立てによって裁判所が一般社団法人等の解散命令を出せるという制度があります（二六一条）。あるいは、消費者契約法では、適格消費者団体が不特定多数の消費者の利益のために差止請求権を行使することが認められています（一二三条以下）。これは、従来は、国が担ってきたものですが、次第に民間団体も担い手になりつつあります。推進すべき公益というのは、個人や団体を支援し、その福利を拡充するためのものであり、従来は、行政庁が担ってきましたが、NPO法以来、やはり私人が担い手となることが増えています。この二系統の公益のそれぞれの担い手が国家から私人へと移りつつあるのではないかと思っています。

公益概念が複数あるのではないかと考えた、もう一つの例をあげたいと思います。それは、公益法人などの団体が実現しようとする公益と、私人がその団体を形成したり参加したりすることによって実現しようとする公益です。多くの場合、重なるのでしょうが、団体の視点とともに、その構成員たる私人の視点というものも忘れてはならないと思います。

このようなことから、公益とは、複数形で語るのが良いのではないかと思い始めた次第です。ですから、各人の考える公益が違っていることがありうるし、また、時代によっても変わっていくことがありうるのだろうと思っています。

もしそうだとすると、新公益法人制度において、国に公益認定等委員会が置かれ、都道府県に合議制機関が置かれたということは、非常に大きな意味をもっていると思います。これはもちろん、従来の主務官庁制度をやめて、民間人が入る組織として想定されているという点が画期的であるのですが、それだけでなく、合議体だという点が極めて重要な意味をもっていると思います。つまり、公益について様々な経験や考え方をもつ人々が集まって具体的な事案に即して公益の認定を行うということです。同様に、国と都道府県にそれぞれの機関が置かれているということも、大きな意味をもっていると思います。もちろん、公益認定がバラバラであったり、くるくる変わるということでは困ります。特に、税の公平を考えると、統一性・安定性を維持することは当然に必要です。そのことを前提としたうえで、公益の概念が複数形で語られうるものであり、合議で一致点が見出されうるものであって、また時代によっても変わりうるものだという認識は、ありうるのではないかと思います。つまり、公益の概念の統一性・安定性と多様性・可変性の両方を意識することによって、公益法人制度がその時代や社会に求められるものであり続けることになるのではないかと思います。

念のために申しますと、都道府県の合議制機関が独善に陥ることがあってはならないのは、当然です。そうならないように多くの方々が合議制機関を見守り、意見や助言を積極的に出していただくことも重要だと考えています。

私は、一二月一日は、ゴールではなく、スタートラインだと思っています。新制度はできたのではなく、これから作り上げていくものだと思います。公益法人協会をはじめ、本日ご列席の皆様は、まさにこの問題のエクスパートの方々であり、その推進力となられる方々だと思います。どうか、今後とも、公益法人制度を育てるためにご尽力くださり、あわせて都の審議会に対しても、ご助言、ご指導をいただけましたら幸いに存じます。どうぞよろしくお願いいたします。

（公益法人三八巻一号〔二〇〇九年一月〕九頁に要旨掲載）

参考人意見──信託法案・同整備法案
（二〇〇六年一二月五日・参議院法務委員会）

〔前注〕　民事法の改正に関する国会審議において、参考人として意見を述べる機会があった。以下の三編は、その記録である。いずれも、表記は議事録のままである。

おはようございます。中田でございます。

私は、一橋大学で民法を担当しています。信託法については、十数年前から研究を始め、現在に至っております。今回の信託法改正に関しましては、法制審議会信託法部会に参加したり、若干の文章を書いたりしたということもありまして、本日意見を申し上げる機会をちょうだいしたものと思います。どうもありがとうございます。もちろん、これから申し上げる意見はすべて個人としてのものでございます。

私の意見は三つの部分から構成されます。

第一は、今回の改正の背景についての私の認識です。第二は、今回の信託法案を二つの観点から吟味するものです。これが中心になります。そして、第三は結論です。

まず、改正の背景について申し上げます。

現在の信託法は、一九二二年に制定されたものですが、その内容は、以来八十四年間、ほぼ変わっていません。それは、信託法が完璧な法律だったからというわけではなく、むしろ信託法が一般には余り利用されてこなかったからではないかと思います。一般の人々はもちろん、法律家や法学部の学生にとっても信託法はなじみが薄く、信託は専ら信託銀行が行う特殊なものだというイメージが強かったような気がしています。

これについては、現在の信託法が制定された当時の事情の影響がありそうです。日本で信託制度が本格的に導入されたのは日露戦争の直後、一九〇五年の担保付社債信託法以来のことですが、それから数年たった大正初期には、信託という概念は濫用ぎみに用いられていたようです。そこで、一九二二年に信託法と信託業法がセットで制定されますが、とりわけ業界を規制しようとする信託業法に重点があったと言われています。その後、第二次大戦中の一九四三年に兼営法ができ、信託業を経営基盤の弱い信託会社ではなく銀行にさせる方向が示され、戦後は専ら信託銀行が信託業務を行うことになりました。

こうして、信託とは厳しい業法規制の下で信託銀行が行うものであり、一般の会社や個人とは縁遠いものだというイメージが浸透したようです。さらに、ヨーロッパ大陸法を基本とする日本の私法体系の中で英米法に由来する信託が特殊なものだという印象を与えたという事情もあったのかもしれません。

これに対し、近年新しい動きが出てきました。まず、学界の状況を申し上げます。学界では、かねてから優れた学者が信託法の研究をしていましたが、それは一部にとどまっていました。しかし、一九八〇年代半ばに信託法研究者のグループが信託法改正案を提示したこともあり、研究者のすそ野が広がってきました。特に、一九九〇年代以降、信託に関する研究書や体系書が次々に現れます。現在では若手研究者の本格的研究も登場しています。

このような動きの背景には、次のような問題意識があるように思います。すなわち、信託を業法規制の下での特殊な法律関係に押し込めるのではなく、より一般的な法制度として私法全体の中に位置付けたい、そうすることによって社会が信託という制度のメリットを活用できるようになればよいということです。

これはアカデミックな問題意識ですが、もちろん現実の社会において信託制度に対する需要が高まっていることを反映するものでもあります。例えば、金融商品としての信託が発達するだけでなく、企業が多様な手段で資金を調達するために信託を活用したいという需要が高まっています。民事信託でも、高齢社会を迎え、高齢者が自分の財産を信託し、自分の老後や家族のために活用するという需要があります。その際、市町村や弁護士などを受託者にしたいという例は少なくないようです。弁護士会も積極的に応じようと考えておられるようです。しかし、従来の信託法はこれらの需要に十分に対応できないという問題があります。

こうして、信託がより有効に活用されるようにしたいと、そのためには信託法の現代化が必要だということになります。目を海外に転じますと、信託制度を生んだ英米法においても、近年、信託法の現代化がなされています。このような国内外の潮流の中で、二〇〇四年に信託業法が改正されました。信託業者が受託できる財産に知的財産権を含めるなど、受託可能な財産の範囲が拡大し、また信託業の担い手も拡大しました。そこで、いよいよ信託法自体の改正をということになります。このような背景で登場したのが今回の信託法案であると認識しています。

次に、信託法案の内容と評価に進みます。私は、今回の信託法案の特徴は二つあると思います。一つは、現代社会における信託の利用可能性を高めるものであること、もう一つは信託の信頼性を確保するものであることです。以下、この二つの観点から申し上げます。

まず、利用可能性の向上ですが、これは柔軟で精緻な規律によって図られています。規律の柔軟さというのはこうです。

第一に、信託における当事者の自治を高めています。まず、信託が多様な態様で成立することを認めています。次に、多くの規律を任意規定としています。また、裁判所の監督を廃止しています。

第二に、受託者が効率的に事務処理をすることを可能にしています。特に、受託者が事務処理を第三者に委託することを広く認めたことが重要です。現在、受託者は自己執行義務を負っていますが、分業化、専門化を背景に第三者に委任することを原則として認めました。

第三に、信託設定後の状況の変化に機動的に対応できるようにしています。例えば、第三者への委託、信託の変更、併合、分割などです。

次に、規律の精緻さというのはこうです。

第一に、一般的な場面における規律を具体化しています。まず、受託者の忠実義務について、規律を具体化した上で、違反に対する効果を規定しています。また、信託財産に対して強制執行できるのはどのような権利なのかを列挙しています。そのほか、受益権や受益債権の内容、受益債権や損失てん補責任の期間制限などを明確化しています。

第二に、複雑な場面における規律を明確にしています。受益者が多数いる信託について意思決定の方法を明確化しています。先ほど申し上げました信託の変更、併合、分割や信託財産の破産制度もそうです。

第三に、多様な類型の信託を創設し、あるいは許容しています。受益証券発行信託、限定責任信託、受益者の定めのない信託、自己信託などです。

以上が信託の利用可能性の向上です。これに対しては、柔軟さはともかく、精緻さは信託にそぐわないという意見もあるかもしれません。規定はできるだけ簡潔にし、紛争が起きれば裁判所が衡平の観点から解決するのがよいという考え方です。確かにその方が伝統的な信託のイメージに近いのかもしれません。しかし、そのようにすると、信託は予測可能性が低く、かえって使いにくい制度になりそうです。信託によって、どのような権利、義務、責任が生じるのかがはっきりしないと利用がちゅうちょされます。といって信託法は簡潔にし、信託業法で厳しく規制するということですと、現在と似たようなことになってしまいます。今回の信託法案は、規律の透明性を高めることによって信託を利用しやすいものとしたと評価できると思います。

しかし、利用可能性を高めた結果、弊害が生じるということでは困ります。そこで、新しい信託法の第二の特徴である信託の信頼性の確保が問題となります。そのためには、受益者の保護と社会の利益の保護が図られる必要があります。

まず、受益者の保護です。信託の柔軟性だけを追求していると受益者に不利益を及ぼすおそれも生じます。そこで、信託法案は、様々な方法で受益者の利益の保護を図っています。

第一に、受託者の様々な義務を明文で規定するとともに、それが実効性を持つような措置を講じています。受託者の注意義務、忠実義務、公平義務、分別管理義務などが規定されています。受託者が忠実義務に違反する行為をした場合について類型ごとの措置が講じられており、また受益者の損失を推定する規定が置かれています。

第二に、受益者の利益を保護するための機関を整備しています。信託監督人、受益者代理人という新たな機関を置き、また、信託管理人、信託財産管理者という従来からある機関を整備しています。

第三に、受益者の権利を拡充しています。新たな権利として、受託者等の行為の差止め請求権、信託の重要な変更に際して多数決で敗れた受益者の利益を保護するための受益権取得請求権があります。また、信託事務や信託財産に関する情報開示請求権のように、既存の権利も整備されています。さらに、信託行為をもってしても受益者の権利行使を制限できない強行性ある規定も明確にされています。

第四に、受益者に対する費用償還請求権及び報酬支払請求権は個別合意のある場合に限って生じるとされている点も重要です。

このように、受益者保護について様々の工夫が凝らされています。

最後に、社会の利益の保護が必要です。これがないと信託という制度自体の信頼性も揺らぎます。信託法案は、信託の新しい類型や新しい利用方法を認めています。これらの信託によって社会の利益が害されてはいけません。ここでは三種類の問題があります。

第一は、信託の当事者以外の第三者、例えば債権者の利益の保護を図る必要があります。これは、制度の濫用的な使用が抑えられるよう、様々な対応が考えられています。

第二は、新しい信託法自体が他の法制度の規律を損なう言わばバイパスとなるおそれがないかです。もしそうだとすると、信託はうさん臭い制度になってしまいます。例えば、民事法との関係では、信託法案には、物権法、担保物権法、相続法、法人法、執行法、倒産法などと交錯する領域があります。これらについて、本法案では慎重な検討と対処がなされています。本法案により、むしろ他の法制度の法理がより深められ、その機能を活性化することが期待されます。

第三に、より根本的なこととして、今回の信託法案は信託そのものの本質を損なうのではないかという意見もあるかもしれません。しかし、私は、信託法案においても、受託者に対する信頼を中核とする信託の本質が変わることはないと考えています。伝統的な信託の周辺に新たな信託の諸類型が配置されていますが、これは伝統的な信託を補完するものであり、それを傷付けるものではないと思います。

最後に結論を申し上げます。私が参加させていただいた法制審議会信託法部会は、一年四か月の間に三十回開催され、一回が六時間に及ぶこともあるという密度の濃いものでした。その間、様々な立場の方々がそれぞれの意見を出し合い、ぎりぎりまで詰めた議論をしたと思います。私自身の意見でも、通ったものと通らなかったものがありますが、全体として見ますと、信託の利用可能性の向上と信頼性の確保がそれぞれ具体化され、よく調和していると思います。

そういうわけですので、この信託法案は現代社会の多様な要請にこたえるものとなっていると思います。その成立を期待する次第でございます。

以上が私の意見です。ご清聴ありがとうございました。

（第一六五回国会参議院法務委員会議事録第五号〔二〇〇八年一二月〕一頁）

参考人意見——民法（親権制度）等改正法案
（二〇一一年五月一九日・参議院法務委員会）

御紹介いただきました中田でございます。

本日は、発言の機会を与えてくださいまして、ありがとうございます。

私は民法を専攻しておりますが、今回の法案に関する法務省や厚生労働省の審議会、あるいはそれに先行する法務省の研究会のメンバーだったわけではありません。また、特にこの問題について専門的に研究してきたというわけでもありません。ただ、七、八年前から家族法改正について考える研究者グループの研究会に参加してきましたので、そのようなことからお呼びいただいたのではないかと思っております。

こういう立場ですので、本日は、言わば第三者的な観点から、しかも民法以外の部分には余り及ばないかもしれませんが、この法案を拝見して感じたこと、考えたことを申し上げたいと思います。

私は、本法案は二つの意味で意義深いものであると考えます。一つは基本理念を明確に示していること、もう一つは現実に即していることです。

基本理念を明確に示しているというのは、親権の効力の部分の冒頭規定で親権は子の利益のために行われるべきことを明文で規定したことです。親権が単なる親の権利ではなく義務でもあることは、既に現在の民法八百二十条に規定されています。親権が義務であることは、明治二十三年の旧民法には書かれておらず、明治三十一年の民法で入ったものですが、この義務が誰に対するものなのかについて、古くから議論があります。国や社会に対する義務か、子供に対する義務か、両方かなどです。これは、国家と親と子の三者の関係の理解にかかわる大きな問題です。

しかし、この大きな問題はそれとして、親権が子の利益のためのものであるということは、明治民法の起草委員である梅謙次郎博士が親権喪失制度を法典調査会に提案する際に既に述べておられたところですが、それから百年以上を経た現在、学界においても実務界においてもほぼ異論がないところだと思います。親権が子の利益のためのものであることは、このように共通認識となっていると言っていいでしょうし、児童虐待防止法にも児童の利益を尊重するよう努めなければならないという規定がありますが、これを民法の明文で示すことは非常に意義が大きいと思います。それは、一つには法律や児童福祉の専門家にとって具体的な解釈の指針になるという意味があります。しかし、それ以上に大きいのは、一般の方々が条文を御覧になった際、親権という言葉の持つ意味を正しく理解することが容易になるだろうということです。このことは、今回の法案のとても重要な意義であると考えます。

次に、本法案のもう一つの意義として、本法案は、単なる理念をうたうだけではなく、現実に即したものであるという評価ができると思います。現実に即したという表現には幾つかの意味があります。

第一に、それは現実に発生している問題の解決を図るために柔軟な考え方を取ったということです。児童虐待の防止を図り、子供の権利利益を擁護するためにどうしたらよいかについて、これまでの考え方にとらわれずに具体的方策を提示しています。

親権停止の制度の創設はその一つの例です。現行法には、親権喪失の宣告の規定とともに、その宣告の取消しの規定があります。これらを組み合わせれば、一旦親権を喪失させ、しばらくした後に復活させるという方法で対応することも理論的にはできるはずです。しかし、現実には親権喪失制度の利用が極めて少ない。そこで、理論的にはできるはずだからといって放置するのではなく、なぜ利用されていないのかを詳しく分析した上で、より使い勝手の良い制度を創設したということです。

もう一つの例として、未成年後見において、後見人が複数でもよいし、法人でもなり得るとすることがあります。後見人を一人にするか複数にするかについては明治民法制定時にも議論がありました。起草委員の原案は複数案でしたが、法典調査会で一人だけにすると修正されました。その後、平成十一年に成年後見制度を設ける際、成年後見人については複数でも法人でもよいとされたのに対し、未成年後見人については一人だけという規律が維持されました。その理由は、未成年後見人の職務の性質上、後見人が複数いて方針にそごが生ずることは未成年者の福祉の観点から相当ではないというものでした。この理由自体は、現在でも十分に理解できるものです。しかし、実際にはそもそも未成年後見人になろうという人が極めて少ないという問題が生じています。そこで、その理由を分析した上、未成年後見人を得るための門戸を広げたのが今回の改正案だと思います。

つまり、これまでそう考えてきたのだからということに固執せず、現実の問題を解決するために、もちろん十分な調査や検討を経ておられることと思いますが、柔軟に制度改正をしようとしているのだと思います。

更に一つ付け加えますと、この法案が民法と児童福祉法という別の法律について双方の連携を明確にし、児童虐待の問題を一体的に解決しようとしていることも現実の問題への対応という観点から大きな意味があると思います。

現実に即していることの第二点として、問題解決のための具体的方法が示されていることを挙げたいと思います。

例えば、医療ネグレクトの場合において、児童相談所長が一時保護を加えた児童などについて、一定の要件の下に親権者の意思に反してでも必要な措置をとれることにし、機動的な解決をするための方法が用意されています。また、これと並行して、親権停止やそれについての保全処分もできるのだろうと思います。このように、具体的な対処方法が盛り込まれている点も大きな特徴であると思います。

第三点として、本法案が裁判所や児童福祉のプラクティスを踏まえているという点があります。

面会交流や養育費について明記することはその一つの例です。これについては、もちろん学界での研究の蓄積もありますが、長年、家庭裁判所や裁判外の実務において実践されてきたところでもあります。ただ、従来は、その根拠は、民法七百六十六条一項のその他監護について必要な事項の一つとされてきました。今回、面会交流や養育費の現実的重要性に鑑み、これを明記しようというわけです。これによって離婚の際に取り決めるべきことが一層明確になり、またその取決めの重みがより高まることが期待できると思います。

もう一つの例として、親権の喪失や停止の要件の定め方があります。現行法の下での親権喪失手続においては条文は著しい不行跡など親に対する非難を伴う表現になっていますが、実際の運用では子の利益の保護を考えていると言われています。このような実務はもちろん学界の支持も得ているわけですが、これをはっきりと表に出すということも実務の生きた規範を明文化するという意味があると思います。

また、本法案の準備段階での審議会、専門委員会、研究会の検討状況などを拝見しますと、現場からの具体的な御意見がたくさん出されています。今回の改正案はそれをよく考慮して作成されたものだろうと思います。

四番目に、少し違った角度ですが、現実に即しているという言葉には、現実的ではあるが理想的ではないというニュアンスがあるのかどうかについて、申し上げます。

例えば、親の懲戒権を規定した民法八百二十二条については、この法案のような形ではなく、現在の規定を全て削除し、その代わりに、子は暴力によらず教育される権利を有するといった規定を置くという改正も考えられます。冒頭に申し上げました私の参加する研究会の案はそうですし、私自身もそれに共感を覚えています。

それに比べると、今回の案は、やや控えめです。そうすると、それは現実的だが理想的ではないのかということになりそうですが、私はそうでもないと思います。私は、この研究会での議論やその成果を発表した私法学会という学会でのシンポジウムの際の議論を聞いていまして、家族法については一人一人が御自分の理想を持っておられることを痛感しました。ただ、それをぶつけ合っているだけですと前に進みません。それぞれの理想を保ちながら、どうすれば今よりも少しでも良くなるのかを考える必要があると感じました。

今回は懲戒権の規定は削除にはなりませんでしたが、八百二十条の規定による監護及び教育に必要な範囲内でとすることによって、懲戒はあくまでも子の利益のためにのみなされるという理念が明確にされたと思います。懲戒については、今後、親子法制全体の中で更に考えられていくべきテーマだとは思いますが、今回の改正はやはり大きな一歩であると評価したいと思います。

以上が私の感想です。

最後に、本法案が可決成立を見た場合について、その運用面と、さらにその後のことについて希望を申し上げます。

まず、運用面です。

今回の改正は、子供の権利や利益を守るための現実的方策を提供するものとして大きな意義があると思いますが、それを十全ならしめるために運用面での工夫も必要かと思います。

第一に、今回の改正で関係機関の御判断がますます重要になってきます。

まず、家庭裁判所では親権停止の審判の請求が多くなると思います。その際の判断基準は、恐らく速やかに形成されていくのだろうと思います。なお、期間満了後、更に親権停止が必要な場合、新たな請求と審判がされることになりますが、その際のつなぎ方をどうするのかの工夫も検討されるのだろうと思っています。

次に、児童相談所長や児童福祉施設の長などの御判断が求められる場面が増えています。これについては、関係当局で既にお考えになられていることと存じますが、ガイドラインの作成や情報提供等が必要になるだろうと思います。

第二に、未成年後見人のなり手の確保の問題があります。

今回、その要件が緩和されたわけですが、これだけでは直ちになり手が飛躍的に増えることにはならないかもしれません。既に指摘されていることですが、未成年者のした行為により後見人が負うことのある不法行為責任に備える保険や、未成年後見人の報酬の問題などを考える必要があると思います。成年後見の場合は被後見人が財産を持っておられる場合も少なくないかもしれませんが、未成年後見の場合は未成年者に財産がないことが多いのだろうと思います。そうすると、サポートが必要な子供たちのために要する費用をどうするのかが問題となります。国が出すかどうかということはもはや民法の領域を超える問題ですが、児童福祉法上の諸機関と未成年後見人とを子供の利益のために協力するべき存在としてとらえ、費用の点もそのような視点で考えるという発想もあるかもしれません。これはまた、行政と司法との連携ということにもなると思います。

最後に、より広い範囲での立法への期待について一言申し上げます。

本法案は、平成十九年の児童虐待防止法、児童福祉法改正の際の附則を受けたものであり、見直しの視点もそのための期限も限られた中で作成されたものだと思います。児童の虐待の防止及びその権利利益の擁護という観点はもちろん極めて重要なことであり、本法案はそのための適切な改正案であると思います。

ただ、問題はほかにもいろいろとございます。この法案の御審議を終えられました後も、引き続き、親権法、親子関係法、さらには家族法全体にわたる、より広い範囲での改正について、御検討を賜りましたら有り難く思います。

私の意見は以上のとおりです。どうもありがとうございました。

（第一七七回国会参議院法務委員会議事録第一一号〔二〇一一年五月〕一頁）

参考人意見──民法（債権関係）改正法案・同整備法案

（二〇一六年一二月七日・衆議院法務委員会）

おはようございます。御紹介いただきました中田です。

本日は、発言の機会を与えてくださいまして、ありがとうございます。

私は、東京大学の法学部と大学院で民法の研究教育をしております。今回の民法改正に関しましては、法制審議会民法（債権関係）部会の委員として審議に参加いたしました。本日は、一人の民法研究者として、民法改正法案について意見を申し上げたいと思います。

お手元のレジュメに沿ってお話をさせていただきます。

現在の民法は、明治二十九年、一八九六年に財産法の部分が公布され、一八九八年に家族法の部分も追加して公布され、この年に全体が施行されました。

この民法については、第二次大戦前に七回の改正がありました。いずれも比較的小規模のもので、家族法に関するものが多く、債権法の改正はありませんでした。

戦後は、より大きな改正がありました。まず、日本国憲法の制定に伴い、昭和二十二年に家族法の部分が全面改正され、民法総則の一部も改正されました。その後も、親族法、相続法、担保物権法の改正、また、民法総則では、成年後見制度の新設や公益法人制度の全面改正などがありました。しかし、債権法の部分の改正は、平成十六年の保証制度の改正と現代語化によるもの以外にはほとんどありませんでした。

民法の債権法の部分が現在まで百二十年間にわたって維持されてきたことの理由は、幾つか考えられます。

まず、民法の債権に関する規定には、ヨーロッパの長い歴史を経た普遍性、抽象性のあるものが少なくなく、長もちしたということがあります。もっとも、ヨーロッパでも次々に民法の改正が進んでいますので、これは決定的な理由とは言えません。

第二の理由は、民法が多くの判例や特別法によって補完されてきたことです。これは、裏返せば、民法自体の規律は後ろに下がっているということでもあります。

第三の理由は、民法の債権法の規定が基本的には任意規定であり、特に、契約法においては契約自由の原則があることです。民法の規定が時代に合わなくなっているとしても、当事者が自由に契約をすることで対処することができます。他方、そのために民法自体の問題点が意識されにくいことにもなります。

第四の理由は、ドイツの学説の影響です。二十世紀初頭から、ドイツの民法学説が日本に直輸入され、日本民法の条文を、文言や沿革にかかわらず、ドイツ流に解釈する現象が生じました。学説継受と呼ばれています。その結果、条文の文言が軽視され、その改正に対する関心も弱まることになります。この傾向は、二十世紀後半まで続いたように思います。

第五の理由として、民法の債権法の改正が難しいということがあります。民法の規定は、ローマ法にまでさかのぼるものや、明治時代の諸外国の法を参考にしたものが多くあります。また、民法制定から一世紀以上を経て、民法を基礎として、多くの特別法、判例、学説、実務慣行が形成されてきました。この間、外国法も発達しています。これらの蓄積の持つ意味を正確に理解し、吟味する必要があります。さらに、民法改正が他に及ぼす影響も慎重に検討しなければなりません。このため、改正には大きなエネルギーを要します。

これらの事情により、民法の債権法は今日までほとんど改正されずに来ました。しかし、それは、民法に問題がないからではなく、問題点が覆い隠されているからにすぎないのではないかという疑問が生じます。

問題点は、二つに整理することができます。

一つは、民法の具体的な内容がわかりにくくなっていることです。

表現面での難しさは、平成十六年の現代語化によってかなり解消されました。現在の大きな問題は、判例法理が反映されていないことです。民法制定から今日まで、多数の判例法理が発達しました。その結果、法律家でない人々にとって、あるいは海外から見ると、日本民法は、条文を読んだだけでは実質的な内容がわからないという状態になっています。

もう一つの問題点は、民法が、社会、経済の変化や科学技術の発達に対応していないことです。

民法が制定された十九世紀末の日本と現代とでは、通信手段、交通手段はもとより、取引の対象や方法、生産、流通や決済のシステムなど、大きく変わっています。そのため、民法と現実との間にずれが生じ、規定の根拠づけが難しくなっていたり、必要な規定が不足していたりします。これまで特別法や当事者間の契約によって対処してきたのですが、やはり基盤となる民法自体が百二十年前のままだというところに無理があります。

そこで、この二つの問題点を解決することが求められます。すなわち、民法の実質的な規律内容を明らかにすること、また、民法の規律内容を現代化することです。

このような状況は、実は、日本だけのことではありません。二十世紀の終りころから、諸外国でも債権法や契約法の改正が進められています。例えば、ドイツでは二〇〇一年に、フランスではことしの二月に、それぞれ民法の債権法の部分の大改正がありました。債権法や契約法の改正は、国際的な潮流でもあります。

では、今回の法案は、どういう意義を持つのでしょうか。三点申し上げたいと思います。

第一の意義は、民法の規律内容が明らかになっていることです。

まず、多くの判例法理が明文化されています。例えば、意思能力のない人のした法律行為は無効であること、登記のある不動産賃借権に基づいて不法占拠者を排除できることなど、判例法理が明文化されました。明文化に当たっては、何が判例法理なのか、現代でも妥当するものなのか、他の規律との整合性が保たれるのかなど、慎重な検討がされました。

次に、基本的な原則や概念が明示されています。

例えば、契約自由の原則は近代法の大原則ですが、これまで明文がありませんでした。また、債務者が弁済すると債権が消滅するのは、当然のことのようですが、やはり明文がありません。法案は、このような基本的な原則や概念について規定を新設し、あわせて、その範囲についても明確にしています。

最後に、他の法律との関係が整序されています。

民法制定後、関連する規律が発達しました。商法、労働法、民事執行法、倒産法などです。そのため、民法と接続する領域では、規律の調整を要することがあります。今回、それぞれの分野の専門家も加わり、調整が進められました。その結果、私法の領域における基本法としての民法と他の法律との関係が明瞭になり、全体の見通しがよくなったと思います。

法案の第二の意義は、規律内容の現代化です。

民法が制定された明治の時代から今日まで、社会経済情勢の変化、科学技術の発展は著しいものがあります。そこで、民法の規律自体を現代社会に適合するようにする必要があります。代表的なものを四つ御紹介いたします。

まず、債権の消滅時効制度の改正です。

現行法では、債権の消滅時効期間は、原則は十年ですが、医師の診療債権は三年、弁護士の報酬債権は二年、旅館の宿泊料債権は一年など、細かい規定がたくさんあります。このような特別の短期時効の背景にはヨーロッパの古い歴史や明治期の日本の慣習があるのですが、現代社会に適合していないものが少なくありません。また、職業間で違いを設けることの説明は難しくなっています。これらの特別の短期時効は廃止するのが適当であると考えられます。そうすると、これまで一年や二年で時効になっていたものが一挙に十年になり、混乱が生じるおそれがあります。

他方、商事の時効は現行法でも五年です。さまざまな観点から検討がされ、民事、商事を通じて、債務者が権利を行使できることを知ったときから五年、権利を行使できるときから十年とされました。時効期間の単純化と短期化は、大量かつ迅速な取引の発達に伴う法律関係の早期安定の要請にも合致していますし、外国の民法改正の方向とも軌を一にしています。ただ、人身損害に関する損害賠償については、被害者保護の観点から、時効期間を長くする特則が置かれています。

消滅時効制度については、他にも改正点があり、規定が整備されています。

次に、法定利率です。

現行法では年五％の固定制ですが、これは現在の金利水準とは大きく離れています。この法定利率は、利息について利率の合意がない場合に適用されるほか、支払いがおくれた場合の遅延損害金や、交通事故で将来の収入を失った損害を現在価値に引き直す際などの中間利息控除において、大きな役割を果たします。法案は、これを緩やかな変動制にし、金利水準を反映しつつ、激変による混乱を小さくする制度としています。

第三に、保証人の保護があります。

保証は、古くからある制度で、広く用いられています。しかし、特に個人が保証人になる場合には、時として軽率に、合理的でない判断によってされることがあります。その結果、巨額の債務を負担するという悲劇が生じることもあります。

そこで、平成十六年の民法改正で、保証人の保護が図られました。保証契約は書面でしなければならないこととされ、また、貸金等根保証契約について、極度額や元本の確定に関する規律が新設されました。

今回の法案は、この保護をさらに拡充しています。すなわち、事業に係る債務について個人保証をするためには、経営者保証などの場合を除き、公正証書の作成を必要としています。また、保証の各段階で、保証人や保証人となろうとする人に対する情報提供義務が課されています。さらに、根保証において、貸し金等以外の根保証についても、それぞれの特性に留意しつつ、個人保証人の保護を広げています。債権者にとって、信用補完やリスク分配のためのさまざまな制度が発達している現代社会において、保証という古くからある制度の不合理な部分を是正し、現代化しようとするものです。

第四に、定型約款に関する規定の新設があります。

現代の取引では、至るところで約款が用いられています。事業者と消費者の間のものが多いのですが、事業者間のものもあります。約款については、相手方は個々の条項に同意したわけではないのに、なぜそれに拘束されるのかという問題がかねてから議論されてきました。また、約款の内容が時として不当なものであることがあり、その適正化が求められます。このような観点から、各種の立法、判例、学説によって、約款規制が進められてきました。

他方、約款には、大量の取引について、トラブル発生時の対応などの条件を画一的に定めることにより、取引の予測可能性を高め、安定的なものとするという意味もあります。約款による取引は、現代社会における取引の重要な一態様ですので、基本法である民法の中に、その内容の適正化を図りつつ、きちんと位置づけるのが適切であると考えられます。

ただ、約款とは何かは、人によって理解が分かれます。そこで、法案は、定型約款という概念を新たに設定し、そこで個別条項を合意したものとみなし得る要件や定型約款の変更に関する規律を定めています。

約款一般については、従来どおり判例や学説に委ねられますが、そのうち定型約款に当たるものについて規定するものです。これは約款による取引全体の安定化と適正化にも資すると思います。

以上の四つが代表的なものですが、法案では、ほかに〔も〕多数の現代化が見られます。通信手段の発達を反映する契約成立時期に関する規律の改正、預貯金システムの発達に伴う新たな規律、取引実務においてなされる将来債権の譲渡に関する規定の新設等々です。

法案の意義の第三点として、さまざまの考え方が調和されていることが挙げられます。

第一は、民法の編成に関することです。

債権や契約に関する規律全体を改正するとすれば、民法の編成の刷新もあり得ます。研究者グループでは大規模な変更が検討されたこともありました。しかし、法案では、現在の構成と条文番号が基本的に維持され、幾つかの追加や変更がされる形となっています。これは、現行法になれた方々には歓迎されると思います。他方、一度は全体の見直しが検討されたことにより、民法の規律の構造の理解が深まりました。

結果として、刷新と存続の利点が生かされたと思います。

第二は、学説と実務の関係です。

債権法の改正の提言は二十世紀末から始まり、研究者グループの研究成果が幾つか公表されました。これは、社会の変化や判例、学説、外国法の展開を踏まえたものでした。

その後、動きは学界以外にも広まり、弁護士会や経済界なども検討を進めました。法制審議会の部会には、民法その他の分野の研究者のほか、多くの実務家、関係省庁が参加しました。また、二度にわたるパブリックコメントに寄せられた多数の意見が考慮されました。

その結果、法案は、判例を基本としつつ、実務の要請と学説の成果を反映するものとなっています。

第三は、何を明文化し、何を明文化せずに判例による法形成に委ねるのかという問題です。

例えば、信義則に基づく各種の判例法理を明文化することが検討されました。しかし、条文の表現について意見が一致せず、見送られました。これは、現時点の判例法理を条文によって固定するよりも、今後の法形成に委ねる方がよいという選択がされたものだと理解しています。このように、明文化するか、判例に委ねるのかの調整もされています。

以上のような調和が図られた結果、法案は形式的にも内容的にも穏やかな改正になりました。法制審議会の部会に参加した研究者で、自分の学説が全て採用されたという人はいないと思います。しかし、全員が、自分とは異なる見解を理解した上、要綱案に賛成しました。法案は、長年にわたる多くの人々の共同作業の到達点であると考えています。

結論を申し上げます。

今回の法案は、穏やかな改正ではありますが、民法の規律を明らかにし、現代化するものです。国際的な潮流に沿うものでもあります。私は、法案がぜひとも早く成立してほしいと願っています。

ご清聴いただき、ありがとうございました。

（第一九二回国会衆議院法務委員会議事録第一四号〔二〇一六年一二月〕一頁）

V　研究室を離れて

研究者の道

二〇二二年三月、早稲田大学を退職し、教員生活が終わった。退職に際して、多くの方々から温かいねぎらいをいただいた。思いがけない方からのものもあり、感動した。家族も慰労の会を設けてくれた。つくづく幸せな退職だと思う。

とはいえ、研究生活をやめるわけではない。退職の少し前から、研究環境の整備に努めた。自宅の近くにトランクルームを借り、五㎡ほどのスペースに一二台の書架を設置した。研究室の蔵書の六割ほどを、この「書庫」と自宅とに移した。判例等のデータベースの個人契約をし、また、定期刊行物を入手する手配をした。早稲田の施設を利用しにくくなったので、東大の施設を利用させてもらうことにし、ついでに東大生協に再加入もした。先輩からお聞きしてはいたものの、これらの作業は、かなり身体にこたえるものだった。加えて、二冊の著作集の刊行などもあり、五月頃まで、慌ただしい日々が続いた。

ようやく一段落した六月頃から、妙に楽しい気分になってきた。授業をすることのない研究生活と家庭生活の毎日は、留学中の日々に似ていることに気がついた。午前中は机に向かい、午後は、家の中や外で、あれこれのことをする。夕方になると、フランスの当日朝の報道番組をネットで視聴して、留学気分を高める。いくつかの法人の役員の仕事や行政庁・裁判所等の仕事はあるのだが、その際は、一時帰国していると思うことにする。

これは思っていたよりも楽しいぞと感じるようになった。しかし、注意しないといけない。一応、向こう五年の研究計画を立て、午前の研究時間の日課も決めているのだが、安逸に流れがちだ。授業がないため、一コマの時間内に取り上げるべき内容を絞り込んで準備をするという、定期的な負荷もない。学生との対話もなくなると、独りよがりになりそうである。研究会への参加も減っている。このまま下手をすると、机に向かっているだけの元研究者になりかねない。

研究者であり続けることは、自律と緊張感を必要とする。この研究者の道を、今しばらく歩き続けたいと思う。

（二〇二二年九月、自宅の書斎で）

中田裕康（なかた・ひろやす）

1951年　大阪に生まれる
1975年　東京大学法学部卒業
1977年　弁護士登録（1990年まで）
1989年　東京大学大学院博士課程修了（法学博士）
1990年　千葉大学助教授，1993年　同教授，1995年　一橋大学教授，2008年　東京大学教授，2017年　早稲田大学教授を経て，
現　在　東京大学名誉教授，一橋大学名誉教授

専攻：民法

主著：『継続的売買の解消』（1994年，有斐閣）
『継続的取引の研究』（2000年，有斐閣）
『債権総論〔第4版〕』（2020年，岩波書店）
『契約法〔新版〕』（2021年，有斐閣）
『私法の現代化』（2022年，有斐閣）
『継続的契約の規範』（2022年，有斐閣）

研究者への道

2023年5月20日　初版第1刷発行
2023年9月30日　初版第3刷発行

著者・発行者　中田裕康

発売　株式会社　有斐閣
〒101-0051 東京都千代田区神田神保町2-17
https://www.yuhikaku.co.jp/

制作　株式会社　有斐閣学術センター
〒101-0051 東京都千代田区神田神保町2-17

印刷・株式会社精興社／製本・牧製本印刷株式会社

ISBN 978-4-641-49998-0